סאל

Combinações + Código da Riqueza e números Bônus para seu Signo

Combinações númericas para GANHAR na Quina

Roseleine Cristina

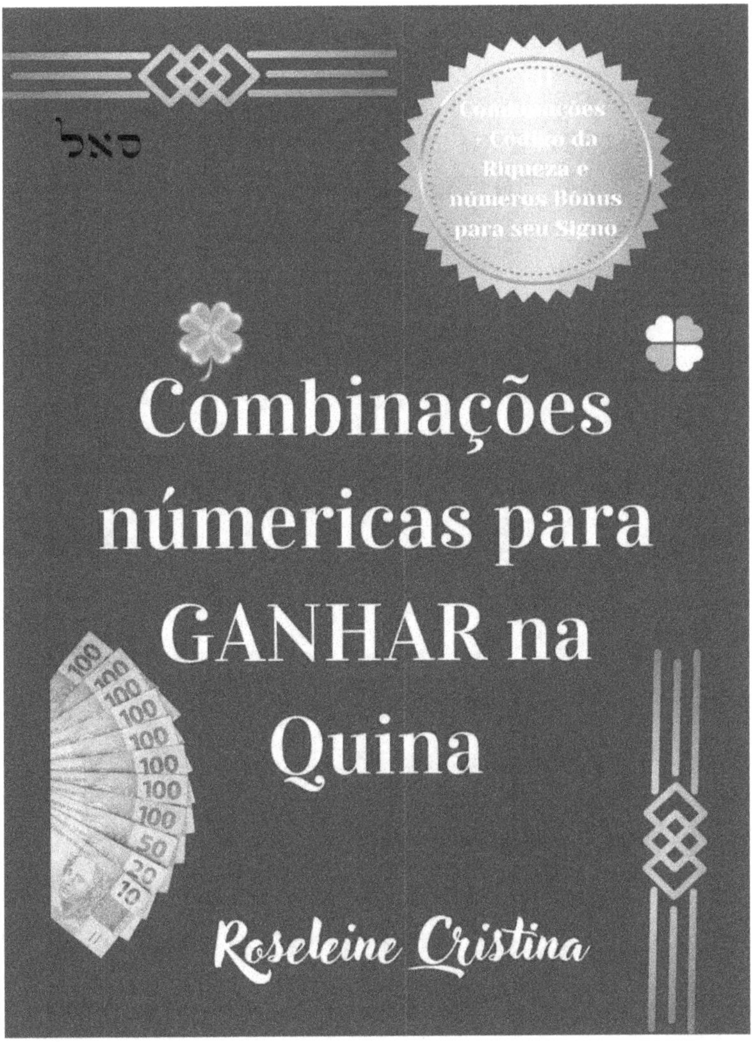

סאל

DO AUTOR

O CONTEÚDO DO LIVRO E AS TÉCNICAS AQUI APRESENTADAS, É DE CARÁTER INFORMATIVO E DE DESENVOLVIMENTO PESSOAL.

Autor: Roseleine Cristina
Design Gráfico: Ana Júlia B.S

COMBINAÇÕES NUMÉRICAS PARA GANHAR NA QUINA

"Acreditar Não é Suficiente, é preciso Tentar"

Roseleine Cristina

טאל

"Para ser um Ganhador é preciso Acreditar e fazer uma aposta. Sem apostador não há Bilhete, e sem bilhete não há Prêmio".

פאל

*"TUDO AQUILO QUE O HOMEM FOR CAPAZ DE
CONCEBER EM SEU PENSAMENTO, PODERÁ SER
CAPAZ DE REALIZAR"*

טאל

Leia as seguintes letras da esquerda para a direita e vá fazer a aposta.

סאל

Esta Obra Inclui 131 *Combinações Numéricas* criadas para Quina, bem como os *Apostas da Sorte feitas para seu Signo*. Além de estar incluso O *Código Secreto da Riqueza Escondido no Salmo 119*, Planilha do Ganhador, Simbologia de Referência do Cabala, e breve Orientação; Perguntas e Respostas de apoio ao Apostador.

מאל

Combinações para Ganhar na Quina

ÌNDICE

CONTEÚDO DO LIVRO

"Mais que um Livro, Manual da Sorte"

Ganhe Na Loteria Hoje!

Porque você não pode ser o Ganhador dessa Fortuna? Faça. Algo por você hoje. Mas podes pensar assim; "eu nunca tive sorte na vida", ou sou um azarento de Merda. É nada. Todos nós nascemos com uma estrela e mais cedo ou mais tarde ela brilha. Já ouvistes falar em Lei da Atração? Ou na Força do Pensamento Positivo? Eu acredito piamente, que aqueles que estão destinados a ganhar vão ganhar um dia, mas não há possibilidade de ser o ganhador sem um bilhete de Aposta. Claro, que podes pagar uma pessoa para que escolha os números para você, e faça as apostas. E é por isso que estou aqui. Este Livro contém combinações já prontas para apostar, + Bônus de apostas com o Número de Sorte de Cada Signo.

Por isso, se és do tipo que considera os jogos de sorte como de azar, eu tenho uma boa notícia para você; Sua Mente Muda a partir de Hoje!

Afinal de contas, quem é o Maluco

que não gostaria de ganhar na Loteria?

Acho que todo mundo já pensou nem que seja uma vez na vida nisto. E não seria loucura nenhuma virar um Milionário. E se calhar nunca mais precisar trabalhar que nem escravo.

A Quina é uma das Loterias que mais dá Prêmios a seus apostadores, e no Brasil tem crescido assustadoramente no Ranking de apostas.

Acertar as 05 dezenas, há quem diga que não é uma tarefa fácil. Já para outros questão de Sorte. E sorte ou não, o que lhe distancia de ganhar a bolada é apenas uma questão de adquirir o bilhete e acertar os números certos. Este Livro traz 131 combinações para você apostar, e não custa nada tentar agarrar esse dinheiro.

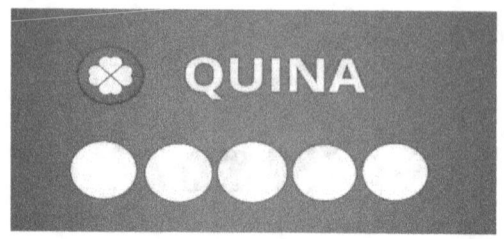

A Quina e a História de Milhões de Reais

O primeiro concurso da Quina foi realizado no dia 13 de março de 1994. De lá para cá essa Modalidade de loteria já premiou muito apostadores.

A História não para por aí, organizada pela Caixa económica Federal, hoje compõe de vários sorteios semanais. Basta acertar os 05 números entre os que compõem a cartela de 01 a 80.

Com quantos Números consigo ganhar?

O prêmio máximo é dado ao Ganhador que tiver o maior número de acertos, ou seja o felizardo que acertar na cabeça ou seja: os 05 números da cartela.

12

Posso acertar com Menos números?

Claro que sim. Acertando a quadra com (04 números), o terno (03 Números e o duque (02 Números).

Como fico ciente de quanto ganhei?

Podes acompanhar o sorteio pela internet, ou dirigir se a uma casa lotérica. E na dúvida peça a balconista para escanear seu bilhete, caso a emoção seja grande ao ver que seus números sorteados são o mesmo de seu bilhete. Seja discreto.

E se não houver ganhador para quina?

Aí isso é bem interessante, caso não haja ganhador o prêmio fica acumulado para a primeira faixa do próximo sorteio.

O que acontece é, que a cada vez que não houver acertadores dos 05 números, A grana só vai aumentando e o prêmio ficando cada vez maior.

Quando acontece os Sorteios?

Ele acontece aproximadamente às 20h de segunda a sábado, menos em feriados nacionais.

Quanto tempo tenho para resgatar o Prêmio?

O Ganhador tem 90 (noventa dias) para retirar o prêmio.

O que acontece se eu perder o bilhete ou passar os 90 dias?

Infelizmente será um grande azar. Passado o Prazo, o dinheiro do premio será transferido para o Tesouro Nacional e destinado à programas da Área da Educação. Por isso sempre confira seus bilhetes.

Quanto tenho de pagar de imposto do Prêmio?

Ao imposto de renda correspondem 13,8% de todas as apostas

Qual o Limite para resgate na Casa Lotérica?

se o prêmio for de até R$ 1.710,78) nas casas lotéricas ou agências da Caixa Federal.

E o valor superior a 1.710,78?

(para prêmios superiores a R$ 1.710,78). Nas Agências da Caixa económica Federal.

A QUINA JOGO DE AZAR OU JOGO DA SORTE?

Azar para quem perde, sorte para quem ganha. Mas se você não apostar nunca vai saber. Quem faz sua sorte é você. Ou seja, através do bilhete Milionário ou trabalhando de sol a sol. Eu acredito que quem está em alinhamento vibracional com a loteria mais cedo ou mais tarde vai ganhar. Isso se a pessoa arredar a bunda da cadeira e fizer uma aposta.

A merda da Incredulidade

Sim. Meu caro leitor, essa é a mais bizarra de todas. A incredulidade, e a fé direcionada no pensamento de que; é um jogo de azar, nome dado a loteria, ironicamente algumas vezes é que atrapalha tudo.

SÍMBOLOS QUE ATRAEM RIQUEZA E PROSPERIDADE

ATRAINDO A SORTE

A sorte você já nasce com ela, assim como diz o proverbio o *"sol nasce para todos"*, é mesmo assim que deves entender a sorte. Uns com menos outros com muito pouco.

Muitos ligam a definição de sorte medindo o leque de oportunidades ou bons acontecimentos que o individuo tem ao longo da vida. A palavra amuleto tem origem no latim *"amuletum"*, ou objeto a ser usado para a defesa, e também do árabe *"hamalet"*, que significa "aquilo que está suspenso." Para nós podemos considerar um amuleto um tipo de objeto ou algo que lhe traga sorte, ou seja destinado para

16

tal. Se funcionam ou não, é algo que terás de descobrir. Porque a maioria das pessoas só passam a acreditar mesmo, quando passam a ter a sua própria experiência.

Nada que talvez possa eu dizer, possa lhe convencer a não ser que sejas audacioso e adquira este amuleto de sorte.

Há muitos relatos de pessoas que já aumentaram a sorte, é só fazer uma busca pela internet, e irá se surpreender.

Existem vários tipos de amuletos: e Artigos, Estátuas, acessórios que são considerados de Sorte. Além de plantas, papéis, flores, livros e rituais, e algumas plantas, infelizmente não é possível englobar tudo em um só Livro, mas já deves ter ouvido falar em;

No meu livro: *"Ganhe na Mega-sena, tudo que você precisa saber para Ficar Rico"* E no Livro: *"Como Ganhar no Euromilhões Resgatar o Prêmio e Investir o Dinheiro"* abordo abertamente sobre diversos Amuletos da sorte e como concorrer a um prêmio de Loteria na Europa.

O SOL

Você sabia que na natureza o sol é considerado um amuleto de sorte poderosíssimo? Pois, é eu também fiquei sabendo a pouco tempo.

E não é à toa que dizem para tomar um banho de sol ao amanhecer, que faz bem á saúde, e aquele bla bla bla, e no final das contas o sol é muito mais que isso, representa em diversas culturas o ouro e a divindade. Fonte de Vitamina D, e extremamente essencial para o desenvolvimento humano, o sol, assim como a chuva, água e outros elementos precisam e fazem parte do nosso dia a dia e elementos fundamentais para nossa sobrevivência.

18

מאל

Pirâmides

Além de o Símbolo de Conhecimento, A Pirâmides são amuletos de sorte, tem como objetivo manter o equilíbrio. Traz também harmonia ao ambiente. Possuir uma Pirâmide como objeto de decoração proporciona alto índice de renovação de energia. É possível que já tenha visto vários enfeites de decoração de formado de pirâmides, elas também trazem sorte, leveza e elegância.

Elefantes de Prosperidade

Animais que pesam toneladas, e as suas presas de marfim são disputadíssimas no mercado negro. Sem contar que estão cada vez mais raros e possivelmente entrando em extinção se medidas não forem tomadas urgentemente. Representam

19

sensibilidade, Majestade e conhecimento. É muito comum em Lojas de comércios terem à entrada da porta, imagens ou artigos com o Símbolo do elefante. No Feng Shui Representam sorte, Sabedoria e Prosperidade.

O GATO DA SORTE

Os gatos na Mitologia são considerados como excelentes protetores, representam a divindade. Na civilização Grega e na Romana o gato parecia associar à vários Deuses, Afrodite, Fertilidade, Amor, Diana Deusa da caça. Muitas pessoas adquirem este animal, como bicho de estimação por serem dóceis e extremamente independentes. O *Maneki Neko*, o gato que acena, é um dos amuletos japoneses mais conhecidos do mundo, pois ele é conhecido por atrair sorte e dinheiro e por fortalecer os relacionamentos. Contudo, o gato da sorte se apresenta em diferentes formas e cores, para atrair

20

סאל

objetivos específicos. O *Maneki Neko* é popularmente conhecido como o gato da sorte e acredita-se que ter qualquer referência desse amuleto, seja como uma estátua, um colar ou um chaveiro, atrairá sorte por toda a vida.

O SAPO E O DINHEIRO

Cômico seria pessoas a criarem sapos como bicho de estimação, e o porquê não? Nós é que sabemos que bicho queremos ter. Pois se não sabias os sapos são sinônimos de Riqueza, Fertilidade e Abundância. Já os Romanos os usavam como mascote simbolizando sorte para dentro de casa. Por isso, é comum estátuas, e imagens nas portas de casa. Para a Mitologia os sapos estão ligados ao Renascimento, Fertilidade, e á Ressurreição.

21

A FERRADURA

E quem nunca ouviu falar numa ferradura pendurada atrás da porta? Se é ou não verdade que traz sorte, só mesmo adquirindo uma para descobrir. Para os ferreiros, uma das profissões mais antigas do mundo, a ferradura simbolizava um símbolo de sorte, pois eles trabalhavam com o fogo e o ferro, e as ferraduras feitas de ferro suportavam fortes ondas de calor onde podiam suportar o calor do fogo. Ferraduras também precisam de 7 pregos, o que restabelece ainda mais o número da sorte 7.

Existe muito misticismo sobre o uso da ferradura e associações com a História de Saint Dunstan, que conseguiu lutar com o diabo e afastá-lo para longe usando este amuleto.

סאל

Apanhador de sonhos

Também chamado de *"Dream catchers"* o **Apanhador de Sonhos**, é um bonito enfeite, e é originário da tribo Ojibwa Chippewa, e superstição ou não quem usa este bonito amuleto á entrada da porta, ou pendurado nas janelas, ou porta dos quartos; segundo a lenda afasta os maus espíritos e ajuda a pessoa, a ter uma boa noite de sono, afastando os fantasmas, evitar pesadelos e as perturbações noturnas. A palavra *apanhador de sonhos* significa *"aranha"*, um símbolo de proteção e conforto. Contra mau-olhado inveja e poderoso amuleto para o comércio. Em respeito aos povos indígenas da América do Norte, considere comprar um artesanal, de fabricação própria. Quanto mais

23

מאל

original e simples mais forte a Energia dele transmitida.

O Buda assim chamado, é o mentor dos Ensinamento da Religião Budista, além de ser uma das imagens mais conhecidas no mundo a Filosofia budista, conquistou milhares de pessoas. Existem muito formatos de Buda, mas o Siddhartha Gautama é um dos budas mais conhecido entre os budas e, dentre várias imagens, o buda sorridente é a mais famosa, pois acredita-se que ele tem o poder de atrair dinheiro e Prosperidade. É muito comum á entrada de estabelecimentos terem estátuas, onde se depositam moedas ou arroz, Símbolo para atrair Riqueza. Também muito usado, em algumas reuniões onde se ascendem incenso, fonte de inspiração para as práticas de massagem e meditação, Buda foi um dos homens mais sábios e exemplo para humanidade, a paz, a harmonia, que

24

סאל

é invocada de dentro para fora através de uma tomada de consciência e introspeção tende a levar o ser humano ao auto-conhecimento. A fé pode levar uma pessoa a patamares incríveis de evolução. o que devemos fazer é por um momento deixar a incredulidade de lado, e passar a acreditar mais nas coisas, mais em Deus, sem julgamentos.

OS NÚMEROS E A APOSTA DA FORTUNA

Muitas pessoas apostam e não fazem a mínima idéia do jogo, e jogam por jogar. O Poder que há numa aposta é o de que pode mudar a vida de uma pessoa para sempre, e esse Poder está contido num bilhete.

E Como Fazer uma aposta que vale Milhões?

Abaixo está algumas instruções ou dicas que pode lhe tirar da linha da pobreza:

Siga a sua Intuição

Todos nós temos uma, que mais dia menos dia poderá ser usada se a pessoa permitir que isso aflore dentro dela. Se é seu desejo ganhar na Loteria, você deve ser focar nisso. E não é preciso

26

muito, tire algum tempo de seu dia para canalizar essa energia, para trabalhar a visualização destas imagens.

Que imagem?

A de que está ganhando na Loteria, a de que está recebendo o Prêmio, comprando itens, pagando contas, quanto mais conseguir imaginar e sentir a sensação do desejo realizado, maior será seu campo vibracional. Maior será sua energia.

Mas e se, contudo, isso, seu palpite for duvidoso para efetuar uma aposta?

Leve seu bilhete para dormir com você.

Separe um papel em branco e caneta, e peça para sonhar com os números da loteria. Logo que despertar se não tiver sonhado, use os números que irá visualizar, e ver durante a sua jornada assim que levanta da cama.

Assim que você desperta e inicia sua rotina diária, automaticamente tudo que há ao seu redor é composto de numeros e letras, voce pode usar o número da sua casa, para se inspirar . Podes usar

essa combinação juntando uma sequencia da melhor forma possivel.

Exemplos, o ônibus que voce pega para se locomover até o trabalho tem uma numeração, a senha que pegas nas filas, as placas de carro que vês nas ruas, os letreiros das lojas por onde passa, o recibo de compra do supermercado, as facturas de compra, as senhas e contas de banco, os livros que lê etc..

Na verdade estamos todo tempo rodeado por números e letras, e quando então faltar a famosa (Inspiração) , faça bom proveito deste recurso. Use e abuse de combinações.

Solicitando Palpite externo:

Pedir ajuda a amigos e colegas com uma sugestão de número também é uma boa idéia.

Pois tu precisas de números, não importa de onde se originem. Todos podem ajudar nessa hora, até mesmo o funcionário da Padaria do Lado, alguem que lhe ligar, ou passar por ti na rua.

A opnião da vovózinha ou de um Entequerido não deve ser desprezada, quando não tiver número algum, peça ajuda, mas não quebre sua rotina.

Usando a Marcação automática da Máquina:

Essa opção também é muito útil, rápida e eficiente. Assim, caso não tenhas tempo de pensar, ou de pedir, ou de fazer sua combinação, então passe na casa de apostas, e peça sua aposta, só não deixe de apostar.

Manter a rotina da aposta, mantem as chances de ganhar.

No dia do seu Aniversario é que os anjos, estão mais do que nunca a tua disposição, é neste dia muito especial que todos os astros e o exército do céu estão conspirando a seu favor. E nessa data que começa um novo ciclo uma nova era, um leque de oportunidades pois é o seu dia, o que vieste ao mundo, o dia do começo e a cada 365 dias uma nova fase se inicia.

Porque Não começar com o pé direito? E com o bolso cheio de dinheiro?

Guarde bem a instrução que vou lhe dar. Com sua certidão de nascimento em mãos, anote em uma folha separada todas as combinações numéricas que possa ser compatível com os números da cartela O Universo pode querer lhe presentear com uma quantia muito grande nesta data, e deves arriscar o palpite. Não é todo dia que se faz anos, neste dia vieste ao mundo, o cosmo, e a numerologia estão seu

30

lado. fazer uso da sua data de nascimento, alterando a ordem e brincando com os números, improvise e use a sua criatividade.

MÊS DO SEU- ANIVERSÁRIO

Já vimos anteriormente sobre a data, então vamos abordar a questão dos 30 ou 31 dias que pode corresponder ao seu mês de nascimento. É muito importante, saber ou ter seus dados e detalhes do dia que nasceste, bem como a hora do Parto. Pode usar estes números para efetuar essa aposta. Durante todo o mês faça apostas, como foi dito, pegue seus documentos pessoais, passaporte, identidade, número de segurança social, CPF, números de conta bancária e todos os que encontrar, crie uma planilha.

Faça uma tabela de jogos.
Num pedaço de papel, separe os números de
01 A 40 que podem corresponder a quase
metade da cartela, e as que por um sobrarem,
separe-as para a coluna dos números de
números finais. Va eliminando os que não quer
jogar, o que achas que não vai sair.
**E quando os números são superiores ao da
cartela?**

Troque a inversão deles, de trás para frente e
de frente para trás. boa opção para que possas
ter os números da aposta.

PLACAS DE CARRO E DOCUMENTOS
PESSOAIS

É claro que é uma Grande ideia usar a
combinação da placa que aparece na traseira
do automóvel, pois ele é praticamente seu mais
importante meio de locomoção.

32

Não tenho carro o que devo fazer?
Use a combinação da Linha que faz o trajeto da tua casa.

O Número do endereço de sua casa, do seu local de trabalho, tudo isso corresponde a seu dia a dia, e esta ligado à sua rotina diária. Como podes perceber números é o que não falta para que você invista numa aposta, o que falta as vezes é um pouco de Fé.

INCREDULIDADE
Pessoas não deixarão de ganhar na loteria só porque uma pessoa não acredita nela.
O jogo vai existir independentemente que você acredite ou não, que seja possível. E as pessoas irão continuar ganhando. Eu passei a ter mais confiança e a acreditar mais na loteria, desde quando um amigo que trabalhava numa agência bancária contou me que alguém havia ido buscar 35€ mil reais

33

na agência. E foi a partir deste dia que passei a entender que: existem ganhadores, pessoas são premiadas, porém nem todos saem gritando aos sete cantos do mundo que é o premiado. Para que você possa ser o ganhador é preciso que haja uma aposta. Não importa como, e de que modo escolheste os números eles podem realmente alterar toda tua jornada. Não deixe que o dinheiro lhe suba a cabeça e deixes de ser quem você é, não se esqueça que dinheiro é dinheiro, não importa a quantia. Se não aprendeste a dar valor aos centavos, dificilmente entenderas de fato a ciência dos milhões.

Eu descobri, depois de uma análise que fiz, no decorrer da minha vida que eu me doei mais, eu acabei por fazer muito por gente que não estava preocupado com meu bem-estar. Eu fiz mais pelas pessoas do que elas fizeram por mim. E no fim quando eu mais precisei delas; eu *descobri que estava sozinha.*

haverá sempre pessoas invejosas ao seu redor, desde que Mundo é mundo, elas estão por toda a parte, e quanto ao caráter- delas apenas irão mudar o nível. Pessoas sem caráter estão infiltradas em todas as classes sociais. As vezes

dar uma de" bonzinho" é um grande atrativo para que aproveitem de sua generosidade.

Tenho um amigo que não se cansava de me dizer, e era muito eloquente no que dizia ele: *"que todo bonzinho toma no C* "* Eu tentava levar esse comentário na esportiva, ou seja; com naturalidade, até um dia abusarem de minha fé.

Há muita gente que vai virar seu amigo da noite para o dia, assim. Como muitos vão deixar de o ser. Nem vai precisar contar. Assim que seu estilo de vida mudar, os holofotes estarão sobre você, e o que não vai faltar serão ofertas de bancos, seguradoras, e todas querendo pegar *"uma parte da sua fortuna".*

Onde devo investir, o que devo fazer, assim que o dinheiro estiver disponível na minha conta?
Assim que o montante cair, pague todas as suas dividas. E lembre-se, assim como; *"dinheiro chama dinheiro, Dívida também chama dívida.* Uma das maiores tentações será queimar rapidamente a grana. Distinguir o que é luxo do que é realmente necessidade, será um

35

grande desafio para você. Tente lembrar de suas origens, isso ajuda a não perder a humildade e não agir com soberba, lembrar que a vida não foi nada fácil para você deve servir para lhe impulsionar a ser uma pessoa prudente e não descuidada.

Posso retirar o prêmio da Quina pela internet?

SIM, mas existem regras, isso varia com a quantia, dependendo do valor. Terás de comparecer, ou notificar pessoalmente a Entidade Patrocinadora do Sorteio. Se a aposta foi feita pela internet, todas as regras para o resgatar, como valores e prazos, por exemplo, são as mesmas que recaem sobre os jogos feitos nos pontos físicos. Contudo, ainda assim é preciso comparecer a uma agência ou lotérica para retirar o valor, se ele for o valor acumulado, por exemplo. Deves levar em conta o regulamento atual e em vigor, deves ligar e acessar o portal da patrocinadora do sorteio para obter informações atualizadas

MARCAÇÃO AUTOMÁTICA DAS MÁQUINAS FUNCIONA?

É como uma outra qualquer a diferença é que você não precisa se preocupar com os números, a máquina escolhe por você. E se quiser repetir informe a balconista da Lotérica ou casa de apostas onde está a adquirir o bilhete que queres fazer a aposta em vários sorteios seguidos.

É ótima para quem tem preguiça de ficar saindo para ir a lotérica ou de ficar pensando em números.

Sorte é sorte, o que você não pode deixar de fazer é uma aposta. Quem tem o objetivo de ganhar na loteria -:

MANTER A FREQUÊNCIA DO JOGO

Sim. Manter o foco, ser persistente. Será que nem para fazer uma aposta semanal não tens compromisso?

Imagine, então quando chegar o momento de gerir milhões de reais que possivelmente entraram na sua conta?

A maioria das pessoas não tem disciplina com nada, esse é um grande problema. Algumas nem sabem direito o que fazer com o dinheiro. Mas pode pensar:

Que Tolice, claro que sei o que fazer se ganhar.

Todos afirmam exatamente a mesma coisa.

É Preciso jogar toda semana?

Eu preciso jogar toda a semana? Quantas apostas?
Isso, depende de qual data que você pretende ser o GANHADOR. Como há sorteios diários, a pessoa tem várias chances de ser o milionário.

Quantos sorteios devo fazer por mês?

A cada sorteio uma oportunidade milionária, se são 8 sorteios por mês, é então 08 chances de ganhar a fortuna.

38

Adquira o bilhete e fique atento ao sorteio

Quantas pessoas, milhares pelo mundo a fora perdem ou esquecem de conferir a aposta? Nunca ouviu falar disto? Então pesquise.

O Que um futuro ganhador faz?

✓ Aposta com frequência
✓ Não desiste
✓ Guarda o bilhete em segurança
✓ Faz planos com o dinheiro todos os dias
✓ Tenta controlar o impulso e a ansiedade
✓ Não fica contando para ninguém seu projeto de ganhar na Loteria. Ninguém é capaz de vibrar mais por você, do que você mesmo.

Lembre-se: *"as pessoas podem até querer você bem, mas nunca melhor do que elas".*

Quando ganhar, não saia gritando aos quatro cantos do mundo que ganhou. Não seja burro, para quer por sua vida em risco?

Para quem mostrar "as caras". Nem toda gente quer o seu bem.

Quanto Tempo leva para eu receber o Dinheiro?

Isso depende da quantia que você ganhou. Valores até 150 reais podem ser retirados em qualquer casa de apostas ou na Agências da Caixa.

GANHEI UMA QUANTIA ALTÍSSIMA, O QUE FAZER?

Dirija-se pessoalmente á uma agência bancária para notificar que é o ganhador, entre pegue uma senha peça para falar com o gerente, ou o atendente normal. Não dê alardes, aconselho que pegue um táxi. Leve seu bilhete original,

seu documento de identificação e tente manter a calma. Eu disse para pegar um táxi, porque a alegria será tanta, que acredito que não vai querer ser roubado, atropelado ou sei lá o que pode acontecer. O nervosismo é muitas vezes estraga tudo. Então, relaxe, e tente parecer o mais normal possível.

ATÉ QUE HORAS POSSO FAZER AS APOSTAS,

1. Pela internet: minutos antes do jogo.

2. Pessoalmente nas lotéricas; deves estar atento ao horário de funcionamento da mesma. Principalmente se for véspera de feriado, ou prêmios acumulados. Geralmente nesta época pessoas tem a arriscar o palpite e fazer a fezinha.

MINHA FOTO VAI SAIR NO JORNAL?

Claro que não. Você tem direito a proteger sua privacidade, evidente que se o bilhete foi feito na sua cidade, a população não vai falar de outra coisa, mas, só você saberá que é o sortudo.

41

Enchendo as caras e fazendo merda

Pois é. Se curte tomar umas e outras de vez em quando, corres este risco. O novo milionário vai querer beber até cair, e porque não deixar para celebrar depois de botar a mão na grana?

Bebe mesmo até o c*, fazer bico, e acaba fazendo asneiras. Abre o bocão e conta para todo mundo ou dá evidências. O problema é que depois da merda feita, não terás como voltar atrás.

você, por acaso, conhece um pouco da história e da origem deste jogo? Pois, essa modalidade da loteria que faz muito sucesso no Brasil

SAIR CONTANDO PARA TODO MUNDO,

E A FAMÍLIA ONDE ENTRA NISSO?

Bom, isso já é um assunto à parte; Família é família, parente é parente. E nem todo parente é família, e nem toda família é confiável.

Como assim? Você ta dizendo que não possa confiar na minha esposa e nos meus filhos?

Não estou dizendo nada. Apenas estou abordando um tópico interessante, quem quer ganhar tem de pensar nisso, e não é em cima da hora não. É antes.

O que eu faria?

Ficaria de tocaia. Só analisando os movimentos. O que aparece de gente interesseira na vida da pessoa depois que ela fica milionária não está na conta.

Aparece parente la dos "quintos da prefunda".

Não sabe o que é isso?

Pode deixar, assim que você ganhar e sair contando para toda a família, vais descobrir o que é.

Quem de odiava de ódio cruel, ti chamando de "*amor I love you*"!

Quem nem conversava contigo, vai ligar fazendo juras de amor, ti oferecendo amizade para sempre.

Logo, aparece os milhares pedidos de perdão, e declarações inesperadas, gente que não ti

oferecia nem um copo d'água, agora vem dando uma de gostosão para seu lado.

Escolher em quem deves confiar será uma tarefa árdua, uma decisão pensada e repensada antes mesmo da aquisição do bilhete, antes do Resgate, e antes de começar a Investi-lo.

Faz um churrasquinho ou um almoço de família, fica de boa, fica tranquilo, pelo menos tentar, Não é? Para quem trabalhou a vida toda que nem burro talvez seja difícil controlar a alegria. Mas minha vovó sempre dizia: "o apressado come cru".

Na maioria das vezes a velhinha estava certa, e quando não come cru, queima a língua.

44

COMBINAÇÕES
MILIONÁRIAS PARA JOGAR

No intuito de lhe introduzir a filosofia de que podes atrair um prêmio de Loteria usando a Lei da Atração e a Força do Pensamento Positivo; foi assim que Criei estas combinações para que você possa apostar. Com certeza será uma grande viagem da qual sua vida provavelmente nunca mais será a mesma. Temos aqui, um pacote de combinações para apostas, permita que um raio da sorte invada sua vida. Seja o mais Novo Milionário da sua casa, sem uma Aposta não há ganhador.

LOTE 01 de APOSTAS:

1ª

PRIMEIRA COMBINAÇÃO MILIONÁRIA PARA QUINA

01 17 23 44 54

/

2ª 👑

SEGUNDA COMBINAÇÃO MILIONÁRIA PARA QUINA

58 17 44 23 79

3ª 👑

TERCEIRA COMBINAÇÃO MILIONÁRIA PARA A QUINA

33 54 67 72 80

4ª 👑

QUARTA COMBINAÇÃO MILIONÁRIA PARA A QUINA

17 23 44 78 45

5ª 👑

QUINTA COMBINAÇÃO MILIONÁRIA PARA A QUINA

01 18 37 41 50

סאל

6ª

SEXTA COMBINAÇÃO MILIONÁRIA PARA A QUINA

21 30 51 61 80

7ª

SÉTIMA COMBINAÇÃO MILIONÁRIA PARA A QUINA

59 75 33 23 04

8ª

OITAVA COMBINAÇÃO MILIONÁRIA PARA A QUINA

33 12 01 12 54

9ª

NONA COMBINAÇÃO MILIONÁRIA PARA A QUINA

02 13 45 56 807

47

LOTE 03 DE APOSTAS:

10ª 👑

DÉCIMA COMBINAÇÃO PARA A QUINA

16 24 36 78 10

11º 👑

DÉCIMA PRIMEIRA COMBINAÇÃO PARA A QUINA

11 75 41 11 24

12ª 👑

DÉCIMA SEGUNDA COMBINAÇÃO PARA A QUINA

70 40 20 11 09

13ª 👑

DÉCIMA TERCEIRA COMBINAÇÃO PARA A QUINA:

30 50 61 80 02

LOTE 04 DE APOSTAS:

14ª

DÉCIMA QUARTA   COMBINAÇÃO PARA A QUINA

17 19 03 07 64

15ª

DÉCIMA QUINTA COMBINAÇÃO PARA A QUINA

13 19 01 72 61

16

DÉCIMA SEXTA COMBINAÇÃO PARA A QUINA

29 39 49 05 10

17ª

DÉCIMA SÉTIMA COMBINAÇÃO PARA A QUINA

14 21 38 53 12

49

-LOTE 05 DE APOSTAS:

18ª

DÉCIMA OITAVA COMBINAÇÃO PARA A QUINA

20 29 31 39 44

19ª

DÉCIMA NONA COMBINAÇÃO PARA A QUINA

51 72 73 17 21

20ª

VIGÉSIMA COMBINAÇÃO PARA A QUINA

10 29 44 56 69

21ª

VIGÉSIMA PRIMEIRA COMBINAÇÃO PARA A QUINA

11 14 15 47 70

50

LOTE 06 DE APOSTAS:

22ª

VIGÉSIMA SEGUNDA COMBINAÇÃO PARA A QUINA

06 11 13 33 63

23ª

VIGÉSIMA TERCEIRA COMBINAÇÃO   PARA A QUINA

48 56 70 71 75

24ª

VIGÉSIMA QUARTA COMBINAÇÃO PARA A QUINA

11 62 65 74 80

LOTE 07 DE APOSTAS:

25ª

VIGÉSIMA QUINTA COMBINAÇÃO PARA A QUINA

05 07 18 25 57

26ª

VIGÉSIMA SEXTA COMBINAÇÃO A PARA A QUINA

06 27 32 41 55

27ª

VIGÉSIMA SÉTIMA COMBINAÇÃO PARA A QUINA

17 18 38 54 60

LOTE 08 DE APOSTAS:

28ª

VIGÉSIMA OITAVA COMBINAÇÃO PARA A QUINA

11 26 58 61 70

29ª

VIGÉSIMA NONA COMBINAÇÃO PARA A QUINA

23 32 65 72 79

30ª

TRIGÉSIMA COMBINAÇÃO PARA A QUINA

04 14 16 45 80

53

LOTE 09 DE APOSTAS:

31ª

TRIGÉSIMA PRIMEIRA COMBINAÇÃO PARA A QUINA

42 47 52 61 66

32ª

TRIGÉSIMA SEGUNDA COMBINAÇÃO PARA A QUINA

19 33 61 69 74

33ª

TRIGÉSIMA TERCEIRA COMBINAÇÃO PARA A QUINA

04 27 57 74 76

סאל

LOTE 10 DE APOSTAS:

34ª

TRIGÉSIMA QUARTA COMBINAÇÃO PARA A QUINA

08 55 57 68 79

35ª

TRIGÉSIMA QUINTA COMBINAÇÃO PARA A QUINA

03 18 31 35 61

36ª

TRIGÉSIMA SEXTA COMBINAÇÃO PARA A QUINA

01 19 34 46 51

37ª

TRIGÉSIMA SÉTIMA COMBINAÇÃO PARA A QUINA

33 37 46 74 77

LOTE 11 DE APOSTAS:

38ª

TRIGÉSIMA OITAVA   COMBINAÇÃO PARA A QUINA

05 06 20 21 44

39ª

TRIGÉSIMA NONA COMBINAÇÃO PARA A QUINA

21 29 31 35 37

40ª

QUADRAGÉSIMA COMBINAÇÃO PARA A QUINA

01 11 33 62 68

41ª

QUADRAGÉSIMA PRIMEIRA COMBINAÇÃO PARA A QUINA

04 12 21 44 45

סאל

LOTE 12 DE APOSTAS:

42ª

QUADRAGÉSIMA SEGUNDA COMBINAÇÃO PARA A QUINA

14 21 26 44 58

43ª

QUADRAGÉSIMA TERCEIRA COMBINAÇÃO PARA A QUINA

20 27 28 55 58

44ª

QUADRAGÉSIMA QUARTA COMBINAÇÃO PARA A QUINA

05 43 45 53 69

LOTE 13 DE APOSTAS:

45ª

QUADRAGÉSIMA QUINTA COMBINAÇÃO PARA A QUINA

07 09 15 18 38

46ª

QUADRAGÉSIMA SEXTA COMBINAÇÃO PARA A QUINA

19 24 40 60 77

47ª

QUADRAGÉSIMA SÉTIMA COMBINAÇÃO PARA AQUINA

03 20 53 57 78

פאל

LOTE 14 DE APOSTAS:

48ª

QUADRAGÉSIMA OITAVA COMBINAÇÃO PARA QUINA

07 18 32 53 72

49ª

QUADRAGÉSIMA NONA COMBINAÇÃO PARA QUINA

23 26 28 51 62

50ª

QUINQUAGÉSIMA COMBINAÇÃO PARA QUINA

13 17 36 55 70

51ª

QUINQUAGÉSIMA PRIMEIRA COMBINAÇÃO PARA QUINA

20 22 34 43 80

59

LOTE 15 DE APOSTAS:

52ª

QUINQUASÉSIMA SEGUNDA COMBINAÇÃO PARA A QUINA

02 15 24 30 68

53ª

QUINQUAGÉSIMA TERCEIRA COMBINAÇÃO PARA A QUINA

12 18 24 54 58

54ª

QUINQUAGÉSIMA QUARTA COMBINAÇÃOPARA A QUINA

02 38 53 58 69

55ª

QUINQUAGÉSIMA QUINTA COMBINAÇÃO PARA A QUINA

34 41 62 74 79

60

LOTE 16 DE APOSTAS:

56ª

QUINQUAGÉSIMA SEXTA COMBINAÇÃO PARA A QUINA

06 14 43 55 79

57ª

QUINQUAGÉSIMA SÉTIMA COMBINAÇÃO PARA A QUINA

01 27 37 48 63

58ª

QUINQUAGÉSIMA OITAVA COMBINAÇÃO PARA A QUINA

03 21 30 46 59

59ª

QUINQUAGÉSIMA NONA COMBINAÇÃO PARA A QUINA

09 18 30 48 71

61

8LOTE 17 DE APOSTAS:

60ª

SEXAGÉSIMA COMBINAÇÃO MPARA A QUINA

08 16 45 58 81

61ª

SEXAGÉSIMA PRIMEIRA COMBINAÇÃO PARA A QUINA

10 29 37 51 73

62ª

SEXAGÉSIMA SEGUNDA COMBINAÇÃO PARA A QUINA

13 29 34 48 59

63ª

SEXAGÉSIMA TERCEIRA COMBINAÇÃO PARA A QUINA

19 28 37 49 74

62

Combinações para Ganhar na Quina

LOTE 18 DE APOSTAS:

64ª

SEXAGÉSIMA QUARTA COMBINAÇÃO MPARA A QUINA

08 16 45 57 90

65ª

SEXAGÉSIMA QUINTA COMBINAÇÃO PARA A QUINA

04 38 48 59 74

66ª

SEXAGÉSIMA SEXTA COMBINAÇÃO PARA A QUINA

05 23 32 47 60

LOTE 19 DE APOSTAS:

67ª

SEXAGÉSIMA SÉTIMA COMBINAÇÃO PARA A QUINA

02 28 38 49 64

68ª

SEXAGÉSIMA OITAVA COMBINAÇÃO PARA A QUINA

04 22 31 47 60

69ª

SEXAGÉSIMA NONA COMBINAÇÃO PARA A QUINA

08 19 11 49 72

64

LOTE 20 DE APOSTAS:

70ª

SEPTUAGESIMA COMBINAÇÃO PARA A QUINA

14 22 34 49 77

71ª

SEPTUAGESIMA PRIMEIRA COMBINAÇÃO PARA A QUINA

12 25 39 46 66

72º

SEPTUAGÉSIMA SEGUNDA COMBINAÇÃO PARA A QUINA

02 03 32 49 59

LOTE 21 DE APOSTAS

73ª

SEPTUAGÉSIMA TERCEIRA COMBINAÇÃO PARA A QUINA

27 33 42 62 68

74ª

SEPTUAGÉSIMA QUARTA COMBINAÇÃO PARA A QUINA

33 44 45 77 78

LOTE 22 DE APOSTAS

75ª

SEPTUAGÉSIMA QUINTA COMBINAÇÃO PARA A QUINA

10 32 66 70 77

76ª

SEPTUAGÉSIMA SEXTA COMBINAÇÃO PARA A QUINA

08 26 50 70 79

77ª

SEPTUAGÉSIMA SÉTIMA COMBINAÇÃO PARA A QUINA

23 26 56 66 76

78ª

SEPTUAGÉSIMA OITAVA COMBINAÇÃO PARA A QUINA

18 20 33 36 66

67

LOTE 23 DE APOSTAS:

79ª

SEPTUAGÉSIMA NONA COMBINAÇÃO PARA A QUINA

09 24 31 56 60

80ª

OCTOGÉSIMA COMBINAÇÃO PARA A QUINA

02 42 46 73 74

81ª

OCTOGÉSIMA PRIMEIRA COMBINAÇÃO PARA A QUINA

02 31 47 55 60

82ª

OCTOGÉSIMA SEGUNDA COMBINAÇÃO PARA A QUINA

01 10 12 55 56

68

LOTE 24 DE APOSTAS

83ª

OCTOGÉSIMA TERCEIRA COMBINAÇÃO PARA A QUINA

03 43 63 75 80

84ª

OCTOGÉSIMA QUARTA COMBINAÇÃO PARA A QUINA

06 08 10 53 54

85ª

OCTÓGÉSIMA QUINTA COMBINAÇÃO PARA A QUINA

01 12 53 61 63

86ª

OCTOGÉSIMA SEXTA COMBINAÇÃO PARA A QUINA

09 39 40 52 59

LOTE 25 DE APOSTAS:

87ª

OCTOGÉSIMA SÉTIMA COMBINAÇÃO PARA A QUINA
---

08 10 26 43 45

88ª

OCTOGÉSIMA OITAVA COMBINAÇÃO PARA A QUINA
---

07 16 49 61 80

89ª

OCTOGÉSIMA NONA COMBINAÇÃO PARA A QUINA
---

36 37 70 72 75

90ª

NONAGÉSIMA COMBINAÇÃO PARA A QUINA
---

21 24 54 65 72

LOTE 26 DE APOSTAS:

91ª

NONAGÉSIMA PRIMEIRA COMBINAÇÃO PARA A QUINA

24 36 43 51 52

92ª

NONAGÉSIMA SEGUNDA COMBINAÇÃO PARA A QUINA

06 08 49 64 68

93ª

NONAGÉSIMA TERCEIRA COMBINAÇÃO PARA A QUINA

04 07 51 63 75

LOTE 30 DE APOSTAS:

94ª

NONAGÉSIMA QUARTA   COMBINAÇÃO PARA A QUINA

04 06 27 57 71

95ª

NONAGÉSIMA QUINTA COMBINAÇÃO PARA A QUINA

11 15 55 57 60

96ª

NONAGÉSIMA SEXTA COMBINAÇÃO PARA A QUINA

07 14 34 49 63

97ª

NONAGÉSIMA SÉTIMA COMBINAÇÃO PARA A QUINA

22 26 59 61 65

72

LOTE 31 DE APOSTAS:

98º

NONAGÉSIMA OITAVA COMBINAÇÃO 6PARA A QUINA

02 23 32 38 49

99ª

NONAGÉSIMA NONA   COMBINAÇÃO PARA A QUINA

12 16 24 39 79

100ª

CENTÉSIMA COMBINAÇÃO PARA A QUINA

08 18 25 73 78

73

סאל

LOTE 32 DE APOSTAS:

101ª

CENTÉSIMA PRIMEIRA COMBINAÇÃO PARA A QUINA

13 38 51 62 74

102ª

CENTÉSIMA SEGUNDA COMBINAÇÃO PARA A QUINA

14 30 49 75 76

103ª

CENTÉSIMA TERCEIRA   COMBINAÇÃO PARA A QUINA

34 37 41 67 79

104ª

CENTÉSIMA QUARTA   COMBINAÇÃO PARA A QUINA

02 46 66 69 72

74

LOTE 33 DE APOSTAS

105ª

CENTÉSIMA QUINTA COMBINAÇÃO PARA A QUINA

08 12 23 65 69

106ª

CENTÉSIMA SEXTA COMBINAÇÃO PARA A QUINA

07 50 60 63 71

107ª

CENTÉSIMA SÉTIMA COMBINAÇÃO PARA A QUINA

16 21 53 60 61

108ª

CENTÉSIMA OITAVA COMBINAÇÃO PARA A QUINA

01 39 54 55 67

סאל

LOTE 34 DE APOSTAS:

109ª

CENTÉSIMA NONA COMBINAÇÃO PARA A QUINA

02 10 11 50 70

110ª

CENTÉSIMA DECIMA COMBINAÇÃO PARA A QUINA

13 21 40 50 60

111ª

CENTÉSIMA DÉCIMA PRIMEIRA COMBINAÇÃO

04 18 29 44 71

סאל

LOTE 35 DE APOSTAS:

112ª

CENTÉSIMA DÉCIMA SEGUNDA COMBINAÇÃO

04 21 30 49 68

113ª

CENTÉSIMA DÉCIMA TERCEIRA COMBINAÇÃO

03 07 24 65 74

114ª

CENTÉSIMA DÉCIMA QUARTA COMBINAÇÃO

14 26 47 58 70

115ª

CENTÉSIMA DÉCIMA QUINTA COMBINAÇÃO

11 15 43 51 73

77

LOTE 36 DE APOSTAS:

116ª

CENTÉSIMA DÉCIMA SEXTA COMBINAÇÃO PARA QUINA

21 25 33 57 74

117ª

CENTÉSIMA DÉCIMA SÉTIMA COMBINAÇÃO

26 38 41 77 79

118ª

CENTÉSIMA DÉCIMA OITAVA   COMBINAÇÃO

04 11 44 57 70

119ª

CENTÉSIMA DÉCIMA NONA COMBINAÇÃO

29 49 57 70 78

78

סאל

LOTE 37 DE APOSTAS:

120ª

CENTÉSIMA VIGÉSIMA COMBINAÇÃO

01 07 08 23 33

121ª

CENTÉSIMA VIGÉSIMA PRIMEIRA COMBINAÇÃO
02 20 27 30 53

122ª

CENTÉSIMA VIGÉSIMA SEGUNDA COMBINAÇÃO

20 34 60 66 69

LOTE 38 DE APOSTAS:

123ª

CENTÉSIMA VIGÉSIMA TERCEIRA COMBINAÇÃO

04 12 26 79 80

124ª

CENTÉSIMA VIGÉSIMA QUARTA COMBINAÇÃO

03 10 22 38 45

125ª

CENTÉSIMA VIGESIMA QUINTA COMBINAÇÃO

17 23 26 34 73

LOTE 39 DE APOSTAS:

126ª

CENTÉSIMA VIGÉSIMA SEXTA COMBINAÇÃO PARA QUINA

04 10 18 58 72

127ª

CENTÉSIMA VIGÉSIMA SÉTIMA COMBINAÇÃO PARA QUINA

16 39 40 59 60

128ª

CENTÉSIMA VIGÉSIMA OITAVA COMBINAÇÃO PARA A QUINA

01 48 49 52 63

81

LOTE 40 DE APOSTAS:

129ª

CENTÉSIMA VIGÉSIMA NONA COMBINAÇÃO PARA QUINA

14 24 54 68 71

130ª

CENTÉSIMA TRIGÉSIMA COMBINAÇÃO PARA QUINA

20 35 36 71 77

131ª

CENTÉSIMA TRIGÉSIMA PRIMEIRA COMBINAÇÃO

12 38 40 53 68

פאל

Gostou das Combinações?

Conte-me como foi sua experiência.

Eu criei um Serviço de Apoio ao Leitor para esclarecer suas dúvidas. Se deseja receber newsletter, dicas, ofertas e concorrer a cursos gratuitos mande-me um Email.

Para ser um dos primeiros 50 ganhadores do Book 01 sobre Finanças, gratuito desta edição, envie 01 email com: envie mensagem para:
readertoservice@gmail.com

Com a foto da Guia, Fatura ou Recibo de compra deste livro.
https://www.youtube.com/@EscritoraRoseleine

1. Dê a sua opinião do que você mais gostou do conteúdo deste livro.
2. Qual Tema você gostaria fosse abordado em minhas próximas edições.
3. Envie este link para 07 amigos que você acreditar que merece ganhar um prémio também. Se quiser pode adicionar o nome e o email do amigo. Se for o ganhador você e seu amigo ganharam um presente da escritora.

83

FAZER UMA FEZINHA OU IR PARA O BOTECO TOMAR UMAS?

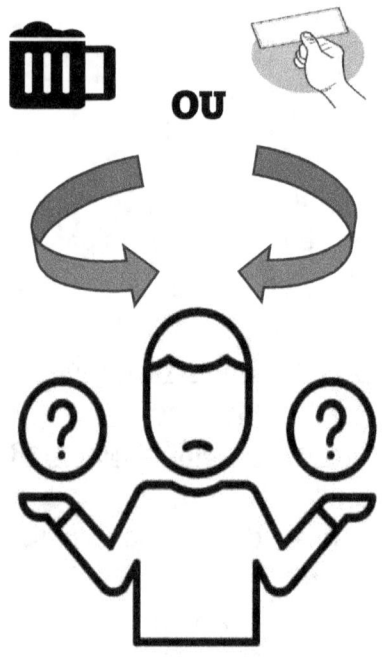

סאל

Gastar com Cerveja ou arriscar a Sorte?

Qual que é o prejudicial?

Depende, não é?

Tudo com moderação, é o que deve ser, mas se muitas pessoas gastam dinheiro com bebidas alcoólicas, que mal há de vez em quando fazer uma fezinha? Para os amantes de uma boa gelada, una a o útil ao agradável.

É POR ISSO QUE

CERCA DE 90%

DOS GANHADORES TENDEM A PERDER TUDO

DENTRO DE 05 ANOS APÓS GANHAREM NA

LOTERIA:

SÓ PENSAM EM CURTIR E GASTAR O DINHEIRO

Pensam que nunca vai acabar e não consideram que alguma desgraça lhes pode acontecer, hackers,

Ladrões, sequestros, Pandemias, Guerras repentinas e o dinheiro do banco ficar travado no banco ou sofrer desvalorização como no caso da Ucrânia. Tente não ficar entre os que faliram ou perderam tudo. Ser auto-suficiente é um grande passo para a Negligência. Pense Nisto!

Eu explico tudo no meu Livro:

GANHE
NA
MEGASENA
TUDO O QUE
VOCÊ
PRECISA SABER
PARA FICAR
RICO

Você encontra Meios de como investir o Dinheiro, Segredos do Cabala; Técnicas da Lei da atração para Ganhar, Afirmações poderosas para Prosperidade, combinações da Megasena para seu signo e + 60 combinações + um BÔNUS MEGA DA VIRADA e muito mais.**"Quem não Aposta, Não Ganha"**

מאל

PLANILHA

DO

GANHADOR

סאל

O ESPAÇO IDEAL PARA POR O TEU PROJETO PESSOAL E DE INVESTIMENTOS

סאל

PLANILHA DO GANHADOR

TRANSPORTE

BENS MÓVEIS		
Novo Usado		Financiado
Quanto de Entrada		
Carro		
Moto		
Bicicleta		
Lancha		
Barco		
Caminhão		
Valor Total do Investimento _____		

IMOVEIS

Novo Usado   Financiado   -   Quanto de Entrada

Casa _ Mansão _____

Vivenda_____

Fazenda_____

Valor Total do Investimento á Vista_____

Financiamento à Prazo. _____

BELEZA / SAÚDE

Botox   _____

Fios Tensores   _____

Implante seios   _____

Implante Glúteos _____

Ácido Hialurônico _____

Lipoaspiração   _____

Rinoplastia   _____

Cirurgia bariátrica _____

90

Hospedagem em SPA _____

Outros Procedimentos: _____

MEDICINA DENTÁRIA

Tratamento dentário_____

Implante Dentário _____

Limpeza e tratamento Simples _____

Clareamento/extração_____

Cirurgia Reparadora _____

PLANOS DE SAÚDE

AGÊNCIAS:

Plano Familiar cobertura Total _____

Valor do investimento:

Mensal _____. Anual _____

91

VIAGENS

Quais países deseja conhecer? Liste-os.

1._____   _____

2_____   _____

3_____   _____

4_____   _____

5 _____   _____

6 _____   _____

O quanto tempo deseja permanecer? _____.

Quantas pessoas vão contigo? _____.

Quais os Meios de Transporte serão usados?

Avião _____ Táxi: _____

Carro _____ ônibus _____

Cruzeiro _____

Alimentação incluída? __ sim __ não

Passagens/Bilhete _____.

Valor total do Investimento _____

92

Fazer a lista de compras do que desejara comprar, roteiro de passeio, bem como todo os valores.

Total: _____

Tipo de Hotel:

1 ou 2 estrelas
3 ou 4 estrelas
Acima de 5 estrelas

Imóvel alugado dias x valor da diária igual valor do custo. Veja o que realmente lhe interessa no hotel a escolha correta, vai determinar o grau de conforto, e o quanto você estará disposto a gastar. A escolha do Roteiro para saber o investimento total.

Outras Especialidades Médicas:

Valores devem incluir, os seus gastos, bem como os de todos familiares e amigos que queres ajudar.

FACULDADE

Custos de Vestibular Preparatório:_____

Custos Mensalidade por Ano_____

Custos com Livros _____

Total Anual_____

Total Estimado do Curso_____

OUTROS INVESTIMENTOS/ PESSOAS QUE QUERO AJUDAR:

1._____

2._____

3._____

מאל

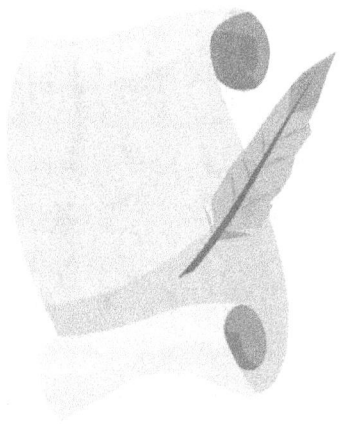

O SALMO DA RIQUEZA

O Código Secreto dos Hebreus

Para Ficar Rico

סאל

O Salmo da Riqueza 119

Todos conhecem o salmo 91 e 23, são os mais lidos no mundo inteiro, já se sabe que a Bíblia contém códigos, alguns deles nunca foram desvendados. Segundo a filosofia do Cabalá, este salmo é muito citado em termos de adquirir riqueza, e prosperidade. Uma curiosidade é que dentro do salmo está escondido todas as letras do Alfabeto Hebraico. Como assim?

Dentro deste salmo pode-se encontrar em seus versículos, e cada um tem um significado Especial dado por Deus o "Yavé" YHVH. Nós agora não estamos falando de fé, estamos falando de fatos. Os Antigos místicos Hebreus diziam que o Alfabeto Hebraico usado

96

compunha um **código de comunicação** usados por aqueles que eram iniciados no Mistério do Templo.

Eu mesma fui em busca desta informação, Pesquizei na Internet e descobri por conta própria, que há um segredo **nele**. E desde o dia que decidi recitar, minha vida mudou consideravelmente.

O salmo 119 é um poema organizado em ordem alfabética, no hebraico.

Segue abaixo os versículos do Salmo 119 e ao lado a Letra em Hebraico correspondente ao texto e sua pronúncia. **Preste bem atenção. Estamos a falar de um código secreto não brinque com essas coisas.**

סמאל

SALMO 119

Álef א

¹ Como são felizes os que andam
em caminhos irrepreensíveis,
que vivem conforme a lei do Senhor!
² Como são felizes os que obedecem
aos seus estatutos
e de todo o coração o buscam!
³ Não praticam o mal
e andam nos caminhos do Senhor.
⁴ Tu mesmo ordenaste os teus preceitos
para que sejam fielmente obedecidos.
⁵ Quem dera fossem firmados os meus caminhos
na obediência aos teus decretos.
⁶ Então não ficaria decepcionado
ao considerar todos os teus mandamentos.

98

⁷ Eu te louvarei de coração sincero
   quando aprender as tuas justas ordenanças.
⁸ Obedecerei aos teus decretos;
   nunca me abandones.

Bêt ב

⁹ Como pode o jovem
   manter pura a sua conduta?
   Vivendo de acordo com a tua palavra.
¹⁰ Eu te busco de todo o coração;
   não permitas que eu me desvie
   dos teus mandamentos.
¹¹ Guardei no coração a tua palavra
   para não pecar contra ti.
¹² Bendito sejas, SENHOR!
   Ensina-me os teus decretos.
¹³ Com os lábios repito
   todas as leis que promulgaste.
¹⁴ Regozijo-me em seguir os teus testemunhos
   como o que se regozija com grandes riquezas.
¹⁵ Meditarei nos teus preceitos
   e darei atenção às tuas veredas.
¹⁶ Tenho prazer nos teus decretos;
   não me esqueço da tua palavra.

Guímel ג

17 Trata com bondade o teu servo
para que eu viva e obedeça à tua palavra.
18 Abre os meus olhos
para que eu veja as maravilhas da tua lei.
19 Sou peregrino na terra;
não escondas de mim os teus
mandamentos.
20 A minha alma consome-se de perene desejo
das tuas ordenanças.
21 Tu repreendes os arrogantes;
malditos os que se desviam
dos teus mandamentos!
22 Tira de mim a afronta e o desprezo,
pois obedeço aos teus estatutos.
23 Mesmo que os poderosos se reúnam
para conspirar contra mim,
ainda assim o teu servo meditará
nos teus decretos.
24 Sim, os teus testemunhos são o meu prazer;
eles são os meus conselheiros.

Dálet ד

25 Agora estou prostrado no pó;
preserva a minha vida
conforme a tua promessa.
26 A ti relatei os meus caminhos
e tu me respondeste;
ensina-me os teus decretos.

²⁷ Faze-me discernir o propósito
dos teus preceitos;
então meditarei nas tuas maravilhas.
²⁸ A minha alma se consome de tristeza;
fortalece-me conforme a tua promessa.
²⁹ Desvia-me dos caminhos enganosos;
por tua graça, ensina-me a tua lei.
³⁰ Escolhi o caminho da fidelidade;
decidi seguir as tuas ordenanças.
³¹ Apego-me aos teus testemunhos,
ó Senhor;
não permitas que eu fique decepcionado.
³² Corro pelo caminho
que os teus mandamentos apontam,
pois me deste maior entendimento.

He ה

³³ Ensina-me, SENHOR,
o caminho dos teus decretos,
e a eles obedecerei até o fim.
³⁴ Dá-me entendimento,
para que eu guarde a tua lei
e a ela obedeça de todo o coração.
³⁵ Dirige-me pelo caminho
dos teus mandamentos,
pois nele encontro satisfação.
³⁶ Inclina o meu coração para os teus estatutos,
e não para a ganância.

101

³⁷ Desvia os meus olhos das coisas inúteis;
faze-me viver nos caminhos que traçaste.[b]
³⁸ Cumpre a tua promessa
    para com o teu servo,
para que sejas temido.
³⁹ Livra-me da afronta que me apavora,
pois as tuas ordenanças são boas.
⁴⁰ Como anseio pelos teus preceitos!
Preserva a minha vida por tua justiça!

Vav ▌

⁴¹ Que o teu amor alcance-me, SENHOR,
e a tua salvação, segundo a tua promessa;
⁴² então responderei aos que me afrontam,
pois confio na tua palavra.
⁴³ Jamais tires da minha boca
    a palavra da verdade,
pois nas tuas ordenanças
    coloquei a minha esperança.
⁴⁴ Obedecerei constantemente à tua lei,
para todo o sempre.
⁴⁵ Andarei em verdadeira liberdade,
pois tenho buscado os teus preceitos.
⁴⁶ Falarei dos teus testemunhos diante de reis,
sem ficar envergonhado.
⁴⁷ Tenho prazer nos teus mandamentos;
eu os amo.

102

⁴⁸ A ti[c] levanto minhas mãos
e medito nos teus decretos.

Zain **ז**

⁴⁹ Lembra-te da tua palavra ao teu servo,
pela qual me deste esperança.
⁵⁰ Este é o meu consolo no meu sofrimento:
A tua promessa dá-me vida.
⁵¹ Os arrogantes zombam de mim
o tempo todo,
mas eu não me desvio da tua lei.
⁵² Lembro-me, SENHOR,
das tuas ordenanças do passado
e nelas acho consolo.
⁵³ Fui tomado de ira tremenda
por causa dos ímpios
que rejeitaram a tua lei.
⁵⁴ Os teus decretos são o tema
da minha canção em minha peregrinação.
⁵⁵ De noite lembro-me do teu nome, SENHOR!
Vou obedecer à tua lei.
⁵⁶ Esta tem sido a minha prática:
Obedecer aos teus preceitos.

Hêt **ח**

⁵⁷ Tu és a minha herança, SENHOR;
prometi obedecer às tuas palavras.
⁵⁸ De todo o coração suplico a tua graça;
tem misericórdia de mim,
  conforme a tua promessa.
⁵⁹ Refleti em meus caminhos
e voltei os meus passos
  para os teus testemunhos.
⁶⁰ Eu me apressarei e não hesitarei
  em obedecer aos teus mandamentos.
⁶¹ Embora as cordas dos ímpios
  queiram prender-me,
eu não me esqueço da tua lei.
⁶² À meia-noite me levanto para dar-te graças
  pelas tuas justas ordenanças.
⁶³ Sou amigo de todos os que te temem
  e obedecem aos teus preceitos.
⁶⁴ A terra está cheia do teu amor, SENHOR;
  ensina-me os teus decretos.

Tét ט

⁶⁵ Trata com bondade o teu servo, SENHOR,
conforme a tua promessa.
⁶⁶ Ensina-me o bom senso e o conhecimento,
pois confio em teus mandamentos.
⁶⁷ Antes de ser castigado, eu andava desviado,
mas agora obedeço à tua palavra.
⁶⁸ Tu és bom, e o que fazes é bom;

104

מאל

ensina-me os teus decretos.
⁶⁹ Os arrogantes mancharam o meu nome
com mentiras,
mas eu obedeço aos teus preceitos
de todo o coração.
⁷⁰ O coração deles é insensível,
eu, porém, tenho prazer na tua lei.
⁷¹ Foi bom para mim ter sido castigado,
para que aprendesse os teus decretos.
⁷² Para mim vale mais a lei que decretaste
do que milhares de peças de prata e ouro.

Iode

⁷³ As tuas mãos me fizeram e me formaram; dá-me
entendimento para aprender os teus mandamentos.
⁷⁴ Quando os que têm temor de ti me virem,
se alegrarão,pois na tua palavra
coloquei a minha esperança.
⁷⁵ Sei, SENHOR, que as tuas ordenanças
são justas,
e que por tua fidelidade me castigaste.
⁷⁶ Seja o teu amor o meu consolo,
conforme a tua promessa ao teu servo.
⁷⁷ Alcance-me a tua misericórdia
para que eu tenha vida,
porque a tua lei é o meu prazer.
⁷⁸ Sejam humilhados os arrogantes,
pois prejudicaram-me sem motivo;

105

mas eu meditarei nos teus preceitos.
⁷⁹ Venham apoiar-me aqueles que te temem,
aqueles que entendem os teus estatutos.
⁸⁰ Seja o meu coração íntegro
    para com os teus decretos,
para que eu não seja humilhado.

Caf ⟨Hebrew letters⟩

⁸¹ Estou quase desfalecido,
    aguardando a tua salvação,
mas na tua palavra coloquei a minha esperança.
⁸² Os meus olhos fraquejam
    de tanto esperar pela tua promessa,
e pergunto: Quando me consolarás?
⁸³ Embora eu seja como uma vasilha inútil[d],
não me esqueço dos teus decretos.
⁸⁴ Até quando o teu servo deverá esperar
para que castigues os meus perseguidores?
⁸⁵ Cavaram uma armadilha contra mim
    os arrogantes,
os que não seguem a tua lei.
⁸⁶ Todos os teus mandamentos
    merecem confiança;
ajuda-me, pois sou perseguido com mentiras.
⁸⁷ Quase acabaram com a minha vida
    na terra,
mas não abandonei os teus preceitos.

מאל

88 Preserva a minha vida pelo teu amor,
e obedecerei aos estatutos que decretaste.

Lâmed ל

89 A tua palavra, SENHOR,
para sempre está firmada nos céus.
90 A tua fidelidade é constante
por todas as gerações;
estabeleceste a terra, que firme subsiste.
91 Conforme as tuas ordens,
tudo permanece até hoje[e],
pois tudo está a teu serviço.
92 Se a tua lei não fosse o meu prazer,
o sofrimento já me teria destruído.
93 Jamais me esquecerei dos teus preceitos,
pois é por meio deles
que preservas a minha vida.
94 Salva-me, pois a ti pertenço
e busco os teus preceitos!
95 Os ímpios estão à espera para destruir-me,
mas eu considero os teus testemunhos.
96 Tenho constatado
que toda perfeição tem limite;
mas não há limite para o teu mandamento.

Mem מ ם

⁹⁷ Como eu amo a tua lei!
  Medito nela o dia inteiro.
⁹⁸ Os teus mandamentos me tornam
  mais sábio que os meus inimigos,
porquanto estão sempre comigo.
⁹⁹ Tenho mais discernimento
  que todos os meus mestres,
pois medito nos teus testemunhos.
¹⁰⁰ Tenho mais entendimento que os anciãos,
pois obedeço aos teus preceitos.
¹⁰¹ Afasto os pés de todo caminho mau
para obedecer à tua palavra.
¹⁰² Não me afasto das tuas ordenanças,
pois tu mesmo me ensinas.
¹⁰³ Como são doces para o meu paladar
  as tuas palavras!
Mais que o mel para a minha boca!
¹⁰⁴ Ganho entendimento
  por meio dos teus preceitos;
por isso odeio todo caminho de falsidade.

Nun נ ן

¹⁰⁵ A tua palavra é lâmpada
  que ilumina os meus passos
e luz que clareia o meu caminho.

¹⁰⁶ Prometi sob juramento e o cumprirei:
vou obedecer às tuas justas ordenanças.
¹⁰⁷ Passei por muito sofrimento;
preserva, SENHOR, a minha vida,
conforme a tua promessa.
¹⁰⁸ Aceita, SENHOR, a oferta de louvor
dos meus lábios,
e ensina-me as tuas ordenanças.
¹⁰⁹ A minha vida está sempre em perigo[f],
mas não me esqueço da tua lei.
¹¹⁰ Os ímpios prepararam uma armadilha
contra mim,
mas não me desviei dos teus preceitos.
¹¹¹ Os teus testemunhos
são a minha herança permanente;
são a alegria do meu coração.
¹¹² Dispus o meu coração para cumprir
os teus decretos até o fim.

Sâmeq **ס**
¹¹³ Odeio os que são inconstantes,
mas amo a tua lei.
¹¹⁴ Tu és o meu abrigo e o meu escudo;
e na tua palavra coloquei minha esperança.
¹¹⁵ Afastem-se de mim os que praticam o mal!
Quero obedecer
aos mandamentos do meu Deus!
¹¹⁶ Sustenta-me, segundo a tua promessa,
e eu viverei;

109

não permitas que se frustrem
   as minhas esperanças.
[117] Ampara-me, e estarei seguro;
sempre estarei atento aos teus decretos.
[118] Tu rejeitas todos os que se desviam
   dos teus decretos,
pois os seus planos enganosos são inúteis.
[119] Tu destróis[g] como refugo
   todos os ímpios da terra;
por isso amo os teus testemunhos.
[120] O meu corpo estremece diante de ti;
as tuas ordenanças enchem-me de temor.

Áin ע

[121] Tenho vivido com justiça e retidão;
não me abandones
   nas mãos dos meus opressores.
[122] Garante o bem-estar do teu servo;
não permitas que os arrogantes
   me oprimam.
[123] Os meus olhos fraquejam,
   aguardando a tua salvação
e o cumprimento da tua justiça.
[124] Trata o teu servo conforme o teu amor leal
e ensina-me os teus decretos.
[125] Sou teu servo; dá-me discernimento
para compreender os teus testemunhos.
[126] Já é tempo de agires, SENHOR,

110

pois a tua lei está sendo desrespeitada.
127 Eu amo os teus mandamentos
   mais do que o ouro,
   mais do que o ouro puro.
128 Por isso considero justos
   os teus preceitos
e odeio todo caminho de falsidade.

Pê פ ף

129 Os teus testemunhos são maravilhosos;
por isso lhes obedeço.
130 A explicação das tuas palavras ilumina
e dá discernimento aos inexperientes.
131 Abro a boca e suspiro,
ansiando por teus mandamentos.
132 Volta-te para mim
e tem misericórdia de mim,
como sempre fazes aos que amam o teu nome.
133 Dirige os meus passos,
   conforme a tua palavra;
não permitas que nenhum pecado me domine.
134 Resgata-me da opressão dos homens,
para que eu obedeça aos teus preceitos.
135 Faze o teu rosto resplandecer
   sobre[h] o teu servo,
e ensina-me os teus decretos.
136 Rios de lágrimas correm dos meus olhos,
   porque a tua lei não é obedecida.

111

מאל

Tsade צ

[137] Justo és, SENHOR,
e retas são as tuas ordenanças.
[138] Ordenaste os teus testemunhos com justiça;
dignos são de inteira confiança!
[139] O meu zelo me consome,
pois os meus adversários
se esquecem das tuas palavras.
[140] A tua promessa[i]
foi plenamente comprovada,
e, por isso, o teu servo a ama.
[141] Sou pequeno e desprezado,
mas não esqueço os teus preceitos.
[142] A tua justiça é eterna,
e a tua lei é a verdade.
[143] Tribulação e angústia me atingiram,
mas os teus mandamentos são o meu prazer.
[144] Os teus testemunhos são
eternamente justos,
dá-me discernimento para que eu tenha vida.

Cof ק

[145] Eu clamo de todo o coração;
responde-me, SENHOR,
e obedecerei aos teus testemunhos!

112

¹⁴⁶ Clamo a ti; salva-me,
e obedecerei aos teus estatutos!
¹⁴⁷ Antes do amanhecer me levanto
e suplico o teu socorro;
na tua palavra coloquei minha esperança.
¹⁴⁸ Fico acordado nas vigílias da noite,
para meditar nas tuas promessas.
¹⁴⁹ Ouve a minha voz pelo teu amor leal;
faze-me viver, SENHOR,
conforme as tuas ordenanças.
¹⁵⁰ Os meus perseguidores
aproximam-se com más intenções;[i]
mas estão distantes da tua lei.
¹⁵¹ Tu, porém, SENHOR, estás perto
e todos os teus mandamentos são verdadeiros.
¹⁵² Há muito aprendi dos teus testemunhos
que tu os estabeleceste para sempre.

Rêsh ר

¹⁵³ Olha para o meu sofrimento e livra-me,
pois não me esqueço da tua lei.
¹⁵⁴ Defende a minha causa e resgata-me;
preserva a minha vida
conforme a tua promessa.
¹⁵⁵ A salvação está longe dos ímpios,
pois eles não buscam os teus decretos.
¹⁵⁶ Grande é a tua compaixão, SENHOR;
preserva a minha vida conforme as tuas leis.

113

[157] Muitos são os meus adversários
e os meus perseguidores,
mas eu não me desvio dos teus estatutos.
[158] Com grande desgosto vejo os infiéis,
que não obedecem à tua palavra.
[159] Vê como amo os teus preceitos!
Dá-me vida, SENHOR, conforme o teu amor leal.
[160] A verdade é a essência da tua palavra,
e todas as tuas justas ordenanças são eternas.

Shin e Sin ש

[161] Os poderosos perseguem-me sem motivo,
mas é diante da tua palavra
que o meu coração treme.
[162] Eu me regozijo na tua promessa como alguém
que encontra grandes despojos.
[163] Odeio e detesto a falsidade,
mas amo a tua lei.
[164] Sete vezes por dia eu te louvo
por causa das tuas justas ordenanças.
[165] Os que amam a tua lei desfrutam paz,
e nada há que os faça tropeçar.
[166] Aguardo a tua salvação, SENHOR,
e pratico os teus mandamentos.
[167] Obedeço aos teus testemunhos;
amo-os infinitamente!
[168] Obedeço a todos os teus preceitos

114

מאל

e testemunhos,
pois conheces todos os meus caminhos.

Tau ת

¹⁶⁹ Chegue à tua presença o meu clamor, SENHOR!
Dá-me entendimento conforme a tua palavra.
¹⁷⁰ Chegue a ti a minha súplica.
Livra-me, conforme a tua promessa.
¹⁷¹ Meus lábios transbordarão de louvor,
pois me ensinas os teus decretos.
¹⁷² A minha língua cantará a tua palavra,
pois todos os teus mandamentos são justos.
¹⁷³ Com tua mão vem ajudar-me,
pois escolhi os teus preceitos.
¹⁷⁴ Anseio pela tua salvação, SENHOR,
e a tua lei é o meu prazer.
¹⁷⁵ Permite-me viver para que eu te louve;
e que as tuas ordenanças me sustentem.
¹⁷⁶ Andei vagando como ovelha perdida;
vem em busca do teu servo,
    pois não me esqueci
    dos teus mandamentos.

115

מאל

NÚMEROS DA QUINA

PARA OS SIGNOS

116

Número da sorte de Peixes 08

8 26 36 41 48

O signo de Peixes pertence ao conjunto do elemento água. São pessoas com muita sensibilidade, possuem uma grande criatividade interior, e são propensas a analisar com sabedoria e perspicácia as situações cotidianas, para os nascidos entre 21 de fevereiro e 20 de março **o seu número da sorte é o 8**, esse número em formato de 02 círculos unidos representa a união entre os mundos e infinito e do ilimitado.

סאל

Número da Sorte de Áries 16

16 19 35 46 58

O nativo do signo de Áries é envolto de muita intensidade, para eles é "tudo ou nada, suas emoções estão sempre em alta por conta do seu elemento fogo. Tendem a ser pessoas muito ambiciosas, inteligentes e com grande espírito empreendedor. Sua Teimosia se transforma logo em qualidade é grande a sua persistência em alcançar seus objetivos. O **número que representa sorte para este signo é o 16**, que representa a Coragem e senso de independência.

מאל

Número da sorte de Touro 04

4 32 44 49 74

Os taurinos pertencem ao elemento terra e, por isso, São indivíduos que geralmente tem o "pé no chão," tendem ser bem racionais e visão a estabilidade financeira. Gostam de esbanjar elegância, entretanto odeiam o desperdício. **O número da sorte para este signo é o 04**, de acordo com a Numerologia representa equilíbrio e Estabilidade.

Número da sorte de Gêmeos 09

09 38 56 44 63

Os geminianos são considerados os de "duas caras" e por ter um temperamento um pouco instável, isso se deve porque costumam analisar os dois lados de uma situação e por isso e tendem a mudar de ideia com certa frequência por conta de seu elemento ar. A Prudência para eles é buscada com afinco, este signo é **representado pelo número 9**, que significa realização dos desejos e concretização dos objetivos.

120

מאל

Número da Sorte de Leão é 37

11 37 34 57 64

Os Leoninos Tem o espírito desbravador, Sua Energia é de Liderança, É um dos Signos de mais destaque do Zodíaco, possuem uma capacidade e convicção dos fatos, ótimo em influenciar pessoas, por vezes tem um charme para conquistá-las e as consegue as manipular facilmente., pois são extremamente atraentes e possuem espírito soberano. O **número da sorte de Leão é o 37**, é a união do número 3 que representa interação social e o 7, considerado o número da perfeição. Logo, os nascidos entre 21 de julho e 20 de agosto.

121

Número da Sorte de Virgem 22

17 22 39 41 69

O virginiano, tem senso crítico, é reservado e conservador, é do elemento terra este signo por sua vez busca estar sempre com os pés no chão. Tende a controlar as emoções e priorizar a Busca do equilíbrio e segurança financeira. Não é muito dado ao sentimentalismo e considerado muito racional. Por isso o o **número da sorte de Virgem é o 22.**

מאל

Número da sorte de Libra 5

5 24 36 41 45

O Libriano é um sedutor nato, mas tendem mostrar muita insegurança em relação às pessoas, não costumam acreditar em tudo o que vêem, e a ponderar palavras e atos. Com grande senso de Justiça possuem uma grande necessidade de manter o equilíbrio e controle de suas atitudes por isso o **número da sorte de Libra é o 5**, retrato fiel de sua busca pelo Equilíbrio.

סאל

Número da sorte de Escorpião 13

13 34 49 59 77

O signo de Escorpião pertence ao elemento água, pode ser considerado um signo pacificador, calmo e as vezes tem um comportamento muito observador. Seu **número da sorte é o 13**. Apesar de alguns supersticiosos acreditarem que este número traz azar, para Escorpião isso é o contrário, este número representa concretização de projetos e realização de sonhos.

סאל

Número da sorte de Sagitário 30

18 30 43 57 63

Os sagitarianos possuem o espírito aventureiros por natureza, em grande maioria são extrovertidos gostam de viajar e estão sempre em busca de novos desafios, pois pertencem ao elemento fogo e emanam uma força interior muito grande o que contagia facilmente o ambiente onde se encontra.

O **número da sorte para Sagitário é 30**, o algoritmo da Bravura destreza, criatividade e otimismo.

Número da sorte Capricórnio 21

79 48 31 21 15

Os capricornianos são conhecidos por gostarem das coisas muito as claras, coisa que é bem característico de um signo do elemento terra buscam sempre impor respeito transparência., apreciadores uma boa comunicação, desde que seja uma boa conversa Seu **número da sorte é o 21**, número da comunicação e do desenvolvimento.

Número da sorte de Aquário 27

27 34 54 66 79

Os aquarianos são pessoas que possuem uma criatividade incrível além de serem extremamente inteligentes. Pertence ao elemento ar, demonstram grande interesse por causas sociais, tem espírito humanitário e solidário. Para eles o amor é o que mais falta neste mundo, por isso o número da sorte é o **27, o que melhor lhe representa.** Entre 21 de janeiro e 20 de fevereiro a se tornarem **os**

Número da sorte Caranguejo/Câncer 32

27 32 47 50 80

Os do Signo de Caranguejo são pessoas que possuem um senso de realidade fantástico, Idealistas, verdadeiros além de serem extremamente responsáveis. Não gostam de viver em conflito, prezam mais a paz pertence ao elemento água. Por isso o número da sorte é o **32, o que melhor lhe representa. Nascidos entre** 22 de junho a 22 de julho.

מאל

COMO CRIAR MINHA PRÓPRIA SORTE?

Quando você decidiu adquirir este Livro e
iniciou a Leitura, automaticamente deu o
Primeiro passo para atrair sua sorte.

Quando fazer a aposta das combinações
terá outro passo.

Se Seguir as orientações deste livro,
também será uma forma de chamar
aumentar a sua sorte.

Entretanto. Existem duas formas de entender a Sorte.

A primeira; você já nasce com uma. A segunda você a faz.

Podes ler mais a respeito no meu livro sobre Física Quântica e Lei da Atração. Ou adquira o Livro: tudo é possível com, Se **não nasceste com a sorte**, então vai precisar **atrair essa sorte**, ou melhor dizendo para que entendas; fazer a sua própria sorte.

Ou trabalhar a sorte que já existe, destravando-a no mundo espiritual.

Entre em contacto comigo através do SAL-serviço de Atendimento ao Leitor criado por mim para prestar auxílio em seu desenvolvimento pessoal pode encontrar maiores informações nas páginas finais deste livro.

23

PALAVRAS CHAVES
QUE ATRAEM RIQUEZA

Quina RIQUEZA **Fortuna** Loteria Sorte
Dinheiro Moeda Prosperidade Abundância
Aposta Milhões Reais Jogador **Bilhete**
Premiado Sorteio **Finanças Contabilidade**
Investimento Rico Próspero Abundante **Feliz**

131

SE QUER GANHAR ENTENDA DE UMA VEZ:

Para ser um ganhador é preciso acreditar e fazer uma aposta. Sem apostador não há bilhete, e sem bilhete não há fortuna

Mantenha-se apegado à incredulidade, e em si mesmo, e nas coisas que dia após dia, continuarás vivendo o marasmo e uma pacata vida sem mudanças.

Lembre-se; a Fé pode te levar a conhecer o sobrenatural. Tome uma atitude.

Faça uma Aposta!

Mantenha a Frequência da Aposta.

Faça a leitura do Livro com as afirmações Leia o Salmo da Riqueza, as 23 palavras para ficar rico, e jogue. E ganhe e seja feliz.

132

PERGUNTAS
E
RESPOSTAS
SOBRE
A QUINA

סאל

PERGUNTA CHAVE 01

É Preciso jogar toda semana?

Isso, depende de qual a data que você pretende ser o ganhador. Como há 06 seis sorteios por semana, Isso, depende de qual data que você pretende ser o GANHADOR. Em 2024 dispõem-se de 06 sorteios semanais, a pessoa tem 24 chances mensais de ser mais novo milionário da família.

PERGUNTA CHAVE 02

Sou obrigado a apostar 06 vezes na semana?

R= Não. Mas se fizer 06 apostas por semana, Isso garante mais chances de ser o sortudo. Ou seja; se a Quina tem 06 sorteios semanais, isso indica que terás mensalmente 24 sorteios.
Para efetuar a Aposta: Você deve escolher 05 números. Dispõe de números (de 1 a 80).

PERGUNTA CHAVE 03

Quais os Dias e a que Horas acontecem os sorteios?

R= De segunda a sábado, entre as 19:00 e 20H00 horas, mas o resultado, mas só, depois deste horário é que está disponível na Internet podes acompanhar pelo Site da Caixa.

PERGUNTA CHAVE 04

135

QUANTOS BILHETES DEVO

ADQUIRIR PARA PODER GANHAR?

Muita gente acha impossível ganhar na Loteria, entretanto independente de você acreditar ou não, quase todo mês sai um Ganhador ou mais.

PERGUNTA CHAVE 05

ENTÃO O QUE EU PRECISO SABER PARA GANHAR MILHARES DE REAIS NA QUINA?

R: **Acertar os 05 números da CARTELA**

Existe uma tabela disponível no site Portal da Caixa Económica Federal a e nos demais sites de busca da internet e quanto vais ganhar se

136

acertares todos os dígitos. Claro, isso depende do valor acumulado para cada sorteio. Isso varia da quantidade de apostas e de quantos jogadores tiveram no último jogo.

PERGUNTA CHAVE 06

Posso Ganhar Valores Menores?

R= SIM. Há diversos tipos de premiações, caso você não acerte a combinação completa.

PERGUNTA CHAVE 07

Quanto Tempo leva, e como faço para receber o dinheiro?

Isso depende da quantia que você ganhou. E de onde foi efetuado a aposta, se foi online; através do Portal ou se foi pessoalmente em loja Física.

Prêmios de apostas realizadas; em Casa Lotérica ou, pelo Aplicativo Loterias Caixa, ou no Site pelo Portal Loterias Caixa, os Valores até R$ 1.478,40 são retirados em qualquer casa lotérica e Agências da Caixa.

REGRAS; mas tem de apresentar o bilhete original da aposta, e além disso deve apresentar o código de Resgate de (06 Números) que é gerada no Portal de Loterias Caixa. Este código tem validade de 24 horas.

Fique atento ao prazo de Retirada você tem até (90 dias após o sorteio), para Reivindicar o Prêmio. Outra forma de Pagamento e opcional, é ainda por Transferência ao Mercado Pago, isso fica á escolha do Apostador. Dados coletados referentes ao ano de 2024. Essas informações devem ser verificadas junto a Patrocinadora do Sorteio.

Patamares de Prêmios:

- 1º Patamar – Prémios inferiores a R$ 2.112, 00: serão pagos em dinheiro em qualquer ponto de venda, autorizados pela caixa.
- **2º Patamar – Prémios superiores ao valor de R$2.112,00 É efetuada somente nas agências da Caixa. Terás de apresentar pessoalmente, o Comprovante de Identidade original com CPF e recibo de Aposta Original e Premiado, Legível e sem Rasuras.**

- **3° Patamar – Prémios iguais ou superiores a R$10.000,00 É efetuada somente nas agências da Caixa.** Terás de apresentar **Comprovante de Identidade original com CPF e recibo de Aposta Original e Premiado, Legível e sem Rasuras** Serão pagos no Prazo mínimo de (02 dias úteis). O Apostador deverá certificar-se da veracidade e exatidão dos dados por si disponibilizados.

PERGUNTA CHAVE NÚMERO 08

Ganhei mais de R$ 5.000 reais o que fazer?

Manter a calma!
No Brasil, Prémios de valor igual ou superior a R$2.112,00 Reais devem levar sua identidade e dirigir-se presencialmente: deslocando-se às

instalações da Caixa, (ver contato e horários) no site *www.caixaeconomicafederal.com.br*

PERGUNTA CHAVE 09

O Se o Prêmio estiver Acumulado, Como Saber Quanto Vou Ganhar?

A quantia que vais receber é determinada pelos números de ganhadores que acertaram os mesmos números que você. Não se Esqueça:

PERGUNTA CHAVE 10

Em Quanto tempo o dinheiro está Disponível na Conta?

Isso vai depender da quantia que você ganhou, O dinheiro, contudo, se for até o valor de R$

10.000,00 poderá estar disponível em até dois dias úteis após a entrega do bilhete de aposta E será transferido para sua conta bancária.

PERGUNTA CHAVE 11

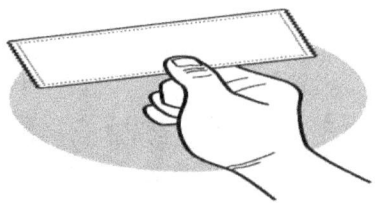

Até que horas posso comprar o bilhete?
O Estabelecimento revendedor, geralmente fecha as vendas do bilhete às 19:00 horas no dia do sorteio, mas você ainda tem uma saída; podes fazer a aposta pela internet até imediatamente, desde que seja antes do horário sorteio.

PERGUNTA CHAVE 12

SIM. PODE.

Posso atrair um Prêmio milionário usando a Lei da atração?

141

quer você acredite ou não, a loteria não vai deixar de premiar as pessoas só porque você não acredita que possa seja verdade.

PERGUNTA CHAVE 13

O Que Devo Fazer Após O Sorteio, ir pessoalmente á casa Lotérica ou Ligar?

Podes entrar no site da Patrocinadora, como citado anteriormente e verificar as informações de Resgate que podem sofrer alterações. Verifique o endereço da casa lotérica mais próxima ou Agência bancária. E planeje sua ida pessoalmente ao setor referente. Como já foi mencionado a casa lotérica não passa Valores que ultrapasse a quantia de R$ 2.112,00.

PERGUNTA CHAVE 14

Descobri que Ganhei uma Quantia muito alta, estou ansioso, o que fazer?

Entre no <u>Portal</u> da Caixa, preencha o formulário que se encontra na área: *"Receber os Meus Prêmios"* no site e depois dirija-se ao Departamento indicado para se identificar e receber o prêmio. O Dinheiro será transferido para sua conta. No próprio site você encontrará o endereço onde deve ir. E **se estiver em outro** país tais como tens de entrar em contato com a patrocinadora da Quina.

PERGUNTA CHAVE 15

Como Devo Proteger minha Identidade?
Logo após o sorteio guarde o bilhete em local seguro. A coleta dos Números:

A entidade responsável pelo sorteio, as patrocinadoras do evento sabem com exatidão de onde foi feita Aposta, em que país e quantos ganhadores, de qual posto e agência e cidade

143

foi efetuada a aposta. Só não sabem qual são os dados pessoais do futuro ganhador. A não ser que este tenha adquirido o bilhete e feito a aposta On-line. Então relaxe, nessa altura o seu bairro, e a sua cidade, sabem de onde saiu a aposta. Mas somente você sabe que ganhou!

PERGUNTA CHAVE 16

Sou Obrigado a me Identificar e Revelar Minhas Informações e revelar minhas Informações publicamente?

Isso é questão pessoal. Nada aconselhável. Mas é uma decisão unicamente sua de se expor. Requer muita reflexão, pois para evitar problemas, e inclusive o de colocar sua vida em risco, em tempos de crise pandemia, guerras e catástrofes das mais diversas, todo cuidado é pouco.

PERGUNTA CHAVE 17

EM QUEM DEVES CONFIAR?

Boa pergunta! Em quem?

Alguns, afirmam que não se deve confiar nem (*na própria sombra*) quando se trata de

dinheiro. Pois, até a nossa *"própria sombra"*, some nos dias de Escuridão.

Escolher em quem deves confiar será uma tarefa árdua, uma decisão pensada e repensada antes mesmo da aquisição do bilhete, antes do Resgate, e antes de começar a Investi-lo. Eu Acredito, que no início, o seu maior inimigo será:

Você. Mesmo!

E porquê? Por causa da sua Ansiedade, e claro tanta Felicidade, e a frustração em não poder contar para ninguém, ou por serem poucas as que se podem confiar.

PERGUNTA CHAVE 18

O que Fazer no dia do Resgate?

Roer as unhas, encher a cara, ir para o boteco tomar muitos copos? Reunir os amigos dar uma grande festa? Esvaziar a conta, e gastar o dinheiro as economias que você já tem lá? Esbanjar, pedir demissão e abandonar o emprego?...

(Tudo na expectativa de um dinheiro que ainda não

145

recebeu)? Vai fazer o que lhe der á cabeça? vai chegar a hora certa de se alegrar. Mas lembre-se, é nessas Celebrações em grande escala; que a pessoa acaba falando demais. Deixe para fazer depois de meter a mão na Grana. Não seja tolo. Aja com prudência.

PERGUNTA CHAVE 19

É possível jogar mais de se 05 Números?

Sim.

É preciso estar disposto a pagar mais por isso. O próprio bilhete inclui um campo para indicar em quantas dezenas você está apostando. Só tem um problema: quanto mais números, mais cara fica a aposta da Quina.

Enquanto um jogo de 05 números custa 2,50 valor este referente ao ano de 2024. (vide tarifa atualizada na casa lotérica ou Portal da caixa, para saber a tabela em vigor). **Quem acertar todos 5 números ganha no prêmio principal. Há também outros quatro prêmios — quadra com 4 combinações corretas, terno para 3 e duque para 2 números adivinhados. Você também pode apostar na Quina com**

mais dezenas (até 15) e criar una aposta múltipla. Mas o valor da aposta irá aumentar consideravelmente. Uma aposta com 15 números irá custar uma fortuna.

Na cartela, preencha todos os números que deseja apostar e a quantidade de jogos por sorteio que desejas fazer.

Logo abaixo há espaços para fazer jogos, há um campo para indicar quantos números você está escolhendo e em quantos sorteios.

Você pode escolher 05 Números numa Aposta Simples.

Marque a quantidade de números que deseja apostar, e o terminal da loteria fará a leitura e passará o valor total da aposta.

Apesar de o preço subir quanto mais números se jogar, a chance de ganhar também é maior. Com uma aposta com mais de 05 números, a probabilidade de acertar o prêmio principal aumenta consideravelmente.

Isso depende de quanto estás disposto a investir numa aposta. Considerando de que

147

quanto mais aposta fizer mais chances de ganhar. Claro, mais apostas diferentes uma das outras, mais chances de acertar os números.

PERGUNTA CHAVE 19

Você pode ganhar dinheiro com 5, 4, 3, ou 2 números, basta acertar uma as combinações.

PERGUNTA CHAVE 20

E o Imposto de Renda, como é que fica? Preciso. Declarar?

Segundo a Caixa Econômica Federal, o valor anunciado é o montante efetivamente pago ao ganhador. Ou seja: se o que cair na conta dos ganhadores é de R$ 10 milhões, então é isso que foi divulgado como prêmio.

Estas informações são de caráter informativo; no quesito do que se refere tributos, taxas e impostos devem ser confirmadas averiguadas com frequência pois podem sofrer alterações repentinas, esteja atento o que a Lei de seu país diz a respeito).

148

Anteriormente, Prêmios de até R$ 1.903,98 eram isentos de Imposto de Renda (IR). A partir desse valor, o leão entrava em cena, e nada menos que 30% do dinheiro ia para a Receita Federal. Essas informações são de caráter apenas informativo, devem ser verificadas junto á patrocinadora do Sorteio e a Receita Federal, a Lei atual em vigor, pois podem sofrer alterações repentinas.

Apesar disso, caso seja o feliz contemplado, ao receber o prémio já livre de impostos, deve solicitar junto ao banco uma **declaração ou um comprovante de prêmio** para justificar a entrada de uma quantia enorme. No caso **conserve-a durante quatro anos**, para a eventualidade de vir a decorrer uma inspeção tributária no futuro. Os aumentos repentinos de património podem chamar a atenção dos serviços da Receita Federal pelo que dessa forma poderá comprovar a origem do dinheiro.

Preste Atenção no prazo de retirada

Assim que corre o sorteio, o apostador tem 90 (noventa) dias para reivindicar o prêmio da Quina.

Depois desse prazo, mesmo que o dono do bilhete vá à loteria ou ao banco, ele não consegue mais levantar o valor.

PERGUNTA CHAVE 21

Onde posso levantar o prêmio da aposta?

- O **prêmio da Quina** assim como os valores das apostas, podem ser retirados nas casas lotéricas se não passarem de R$ 2.259,20, (dois mil duzentos e cinquenta e nove reais e vinte centavos). Prêmios com valor bruto superior a R$ 2.259,20 podem ser resgatados apenas em agências da Caixa com a apresentação de documento original com CPF e o recibo original da aposta.

Se a premiação ultrapassar esse valor, o Ganhador deverá comparecer a uma agência da caixa para tirar o valor da aposta, se a Aposta foi feita pelo Aplicativo, ou pelo site portal da caixa.

Já o vencedor do Prêmio Milionário, para quantias acima R$ 10.000,00, (milhões), há outro detalhe; nestes casos, é preciso além de apresentar o bilhete, e esperar aproximadamente alguns dias até que o dinheiro esteja disponível, e seja liberado, verifique com o gerente do banco.

PERGUNTA CHAVE 22

Posso retirar o prêmio da Quina pela internet?

Sim. Mas existem regras, isso varia com a quantia, dependendo do valor. Como já foi dito antes, você pode: Terás de comparecer, ou notificar pessoalmente a Entidade Patrocinadora do Sorteio.

Se a aposta foi feita pela internet, todas as regras para o resgatar, como valores e prazos,

por exemplo, são as mesmas que recaem sobre os jogos feitos nos pontos físicos.

- Apostas realizadas por aplicativo ou pelo Portal Loterias Caixa também podem ser recebidos por transferência ao Mercado Pago. Se a escolha for receber em lotérica, deve ser levado o comprovante impresso da aposta (com código de barras) e o código de resgate de seis números obtido no Portal Loterias Caixa, ou exibido o QR Code da aposta gerado no Portal Loterias Caixa - com ele, é dispensada a necessidade de comprovante.

Contudo, ainda assim é preciso comparecer a uma agência ou lotérica para retirar o valor, se ele for o valor do acumulado; por exemplo.

Deves levar em conta o regulamento atual e em vigor, deves ligar e acessar o portal da patrocinadora do sorteio para obter informações atualizadas. O dinheiro levará alguns dias para cair em, ou seja, estar disponível em sua conta bancária.

Se esse for o seu caso, o primeiro passo é solicitar o dinheiro através da opção de resgate

152

no site das Loterias. Na própria casa onde efetuou a aposta, podem lhe dar informações sobre o Resgate. Depois disso, basta comparecer ao local indicado, levando documento de identificação válido com foto que comprove sua identidade e, por fim, o Código de Resgate. Por último, é necessário aguardar o prazo informado para o dinheiro cair na conta bancária.

Para ser um ganhador é preciso acreditar e fazer uma aposta. Sem apostador não há bilhete, e sem bilhete não há fortuna

Mantenha-se apegado à incredulidade, e em você mesmo, e nas coisas que dia após dia, continuarás vivendo o marasmo e uma pacata vida sem mudanças. Lembre-se a sua fé pode lhe levar a conhecer o sobrenatural. Tome uma atitude.

153

סאל

Biografia do Escritor

Roseleine Cristina (Nascida, em 30 de novembro de 1975) é uma escritora sul-americana que aborda Lei da Atração e Física Quântica - Autora da Série; *Tudo é Possível Com*, entre outros livros.

Gênero Literário: Autoajuda Desenvolvimento Pessoal e Gestão Empresarial.

BIOGRAFIA

Nascida em 1975, ela cresceu em uma família católica romana pobre, o que a encorajou a buscar a verdade para resolver seu conflito existencial. Sua avó foi sua primeira mentora e a ensinou a ler e escrever, embora ela fosse quase uma analfabeta. Foi ela quem a ensinou a ver, a vida sob uma nova perspectiva. Na infância enfrentou tanta pobreza que a fé e as crenças da avó a intrigaram; Depois, a miséria e a fome, e a avó, não abandonou a Fé em um só Deus. E ela sempre tinha um sorriso no rosto, e agradecia até com as sobras de comida e legumes que ganhávamos na Feira Local. Foi então que Roseleine perguntou como era possível acreditar na provisão Divina e viver uma vida de total escassez? Sua Avó a influencia profundamente: *"Mantenha sempre sua Fé em Deus, não importa o que aconteça, É Nele que encontramos Força e Poder"*

מאל

O interessante de Roseleine, é que sua mãe engravidou quando ela tinha apenas 13 anos. E ele tentou doá-la assim que ela nasceu, enquanto ela ainda estava no Hospital. Mas foi imediatamente parada pela avó, que afirmou: "Nem um cachorro faria isso com cachorrinhos, somos todos filhos de Deus". Desde criança manteve-se interessada pelas perguntas de Deus, procurava encontrar respostas para as frustrações. Sua mãe biológica faleceu em março de 2024, sem ambas terem a chance de se despedir.

Carreira

Roseleine é filha de mãe solteira e pai desconhecido, interessada nas questões de Deus e em entender o sentido da vida e o motivo da dor e do sofrimento, então iniciou sua jornada estudando Religiões e nunca mais parou. Ele estudou Filosofia, Bíblia, Cabala e Física Quântica. Anos depois ingressou nos estudos universitários e anos depois teve que abandoná-los por falta de recursos financeiros. Roseleine aprendeu sozinha a falar inglês e espanhol, trabalhou em uma escola de idiomas e tornou-se assistente de professora de inglês. Anos mais tarde mudou-se para Portugal, onde encontrou trabalhou como Assistente de Ação Direta em Lares e Hospitais. Foi lá que ao ver pessoas morrerem na sua frente, ela recebeu Motivação Divina para continuar escrevendo.

Ele conheceu o mundo da Dor, do Sofrimento e do Abandono. *Mas foi depois da Tentativa de Suicídio e Internação da Filha num Hospital Psiquiátrico de Lisboa, que teve um encontro com* **Matrix,** *como ela chama; "O Despertar" que promete Mostrar a Verdade ao mundo através de seus livros; como atrair seus*

155

6objetivos usando a Lei da Atração através da Fé, incluindo atrair um prêmio de loteria.

Depois de ver seus recursos se esgotando para ajudar a família, Roseleine ficou desempregada e sem condições de pagar o aluguel e passou a morar em seu carro. Na Celebração de **Rosh Hashanah** (em hebraico; ראש השנה, lit, cabeça do ano), o **"Ano Novo Judaico"**, é um Festival que ocorre no primeiro dia do primeiro mês do Calendário Judaico. E mais precisamente durante a Festa de **Yom Kippur,** Seguindo a Tradição Judaica, ela se isolou e em angústia escreveu uma pergunta *a Yahweh, YHWH,* onde perguntou ao Criador: Qual é a sua missão de vida nesta terra. Ela ouviu uma voz que lhe respondeu. Essa e outras questões que mais tarde viraram a Série **"Tudo é Possível Com".**

Escritos = Tudo é possível com séries

Segundo ela, seus livros são inspirados em Deus e podem ajudar as pessoas a se relacionarem com o Universo como um todo. Mergulhe no "Conhecimento Moderno". O Deus em seus livros, por exemplo, diz que: *"Esta Fonte é a Matriz,, Por Ela para Ela, e através dela, são todas as coisas, e sem ela nada do que foi feito se Fêz.*

*Roseleine acredita que (****Matriz****) é com o que os humanos estão tentando se comunicar. Sua Filosofia se expressa como uma nova espiritualidade: Expansão Mental através do Pensamento Positivo e do Eu Superior. É a Unificação Mundial de todas as religiões, para a Manifestação de uma* **Nova Era.** *Estamos todos conectados Nêle, e. Nele somos todos um. E através de um plano de Salvação somos*

156

redimidos e transformados para podermos viver uma Nova Realidade.

Seus Ensinamentos podem ser classificados como de natureza *espiritualista* e pertencentes aos Estudos da *Lei da Atração,* **Física Quântica** do *Novo Pensamento* e da *Nova Era.* Ainda existem muitas semelhanças entre sua filosofia e alguns Ensinamentos com *Tradição Judaica e da Cabala,* sendo esta última rejeitada. Politeísmo, uma diferença fundamental.

OUTROS SUCESSOS DO AUTOR:

סאל

/

סאל

ÚLTIMO LANÇAMENTO:

Inspirado num Filme de 2025

O MATCH PERFEITO

Como Encontrar seu Unicórnio

Baseado em uma História Real

Roseleine Cristina

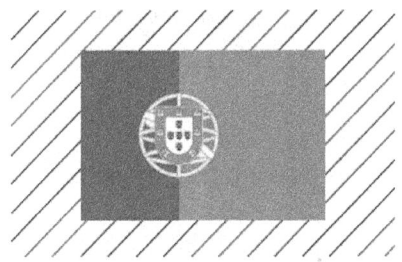

DESEJA IMIGRAR PARA OUTRO PAÍS?

Preste bem atenção; dentre os mais variados países do continente europeu, Portugal é uma boa opção para investir, mesmo porque €1, equivale a quase 06 vezes mais a moeda do Brasil. Além de ser beneficiado com fortes ligações Diplomáticas e de ser o mesmo idioma falado, o País oferece várias áreas em ascensão para investir, e imigrar, beneficiado pela força do Euro, o que propiciará se tornar se estabilizar financeiramente facilmente. Veja só; com €100.000 euros, já podes ser considerado dono de mais de meio milhão de reais. Sugiro que Leia meus livros.

161

מאל

PRESENTES PARA OS LEITORES

Para ser um dos primeiros 50 ganhadores do Book 02 sobre Finanças, gratuito desta edição envie 01 email com: envie mensagem para:

readertoservice@gmail.com

Com a foto da Guia, Fatura ou Recibo de compra deste livro.

1. Dê a sua opinião do que você gostou   do conteúdo deste livro.

2. Qual Tema você gostaria fosse abordado em minhas próximas edições.

3. Envie este link para 07 amigos que você acreditar que merece ganhar um presente também. Se quiser pode adicionar o nome e o email do amigo. Se for o ganhador você e seu amigo ganharam um presente da escritora.

סאל

סאל